HEIDEGGER INÉDIT

SUR HEIDEGGER
À LA MÊME LIBRAIRIE

HEIDEGGER M., *Les conférences de Cassel. 1925*, introduction, édition et traduction J.-Cl. Gens, 2003.

ARRIEN S.-J. et CAMILLERI S. (éd.), *Le jeune Heidegger. 1909-1926*, 288 p., 2011.

BEAUFRET J., *De l'existentialisme à Heidegger. Introduction aux philosophies de l'existence*, 184 p., 1986.

BIEMEL W., *Le concept de monde chez Heidegger*, 182 p., 1981.

COURTINE J.-F., *Heidegger et la phénoménologie*, 408 p., 1990.

– (dir.), *Heidegger 1919-1929. De l'herméneutique de la facticité à la métaphysique du* Dasein, 240 p., 1996.

– (dir.), *L'*Introduction à la métaphysique *de Heidegger*, 240 p., 2007.

DASTUR F., *Heidegger. La question du* logos, 256 p., 2007.

– , *Heidegger et la pensée à venir*, 256 p., 2011.

GADAMER H.-G., *Les chemins de Heidegger*, traduction J. Grondin, 288 p., 2002.

JOLLIVET S. et ROMANO Cl. (éd.), *Heidegger en dialogue. 1912-1930*, 304 p., 2009.

KELKEL A.L., *La légende de l'Être. Langage et poésie chez Heidegger*, 640 p., 1980.

LEVINAS E., *En découvrant l'existence avec Husserl et Heidegger*, 336 p., 2001, rééd. 2010.

MABILLE B., *Hegel, Heidegger et la métaphysique. Recherches pour une constitution*, 400 p., 2004.

PAULHAC F., *Quelques pages sur Heidegger*, 60 p., 2006.

ROSEN S., *La question de l'être. Heidegger renversé*, 368 p., 2008.

SCHNELL A., *De l'existence ouverte au monde fini. Heidegger 1925-1930*, 256 p., 2005.

ZARADER M., *Heidegger et les paroles de l'origine*, préface E. Levinas, 320 p., 1990.

BIBLIOTHÈQUE D'HISTOIRE DE LA PHILOSOPHIE

Fondateur : Henri GOUHIER   Directeur : Jean-François COURTINE

François JARAN

HEIDEGGER INÉDIT

1929-1930
L'INACHEVABLE *ÊTRE ET TEMPS*

PARIS
LIBRAIRIE PHILOSOPHIQUE J. VRIN
6 place de la Sorbonne, V[e]
2012

Pour Alex et Pablo

PRÉSENTATION

Dans l'attente de la publication du tome 80 des œuvres complètes (*Gesamtausgabe*, dorénavant cité *GA*) de Martin Heidegger (*Vorträge*, éd. Hartmut Tietjen), certains des textes qui le composent circulent déjà dans les cercles d'études heideggériennes. Selon ce qu'annonce le prospectus de l'éditeur Klostermann, ce tome très attendu contiendra plus d'une vingtaine de conférences données entre 1915 et 1967. On peut déjà supposer que la publication de ce tome aura un effet similaire à celui qu'eut la publication des recueils de conférences et d'essais *Vorträge und Aufsätze* (Günther Neske, Pfullingen, 1954), *Holzwege* (Francfort-sur-le-Main, Klostermann, 1960) ou *Wegmarken* (Francfort-sur-le-Main, Klostermann, 1967)[1]. Jusqu'à présent, seules quelques-unes des conférences annoncées pour le tome 80 sont parues çà et là[2].

De la longue liste des conférences annoncées ressortent quatre textes qui permettent de mieux comprendre le projet

1. En français, *Essais et conférences* (Paris, Gallimard, 1958), *Chemins qui ne mènent nulle part* (Paris, Gallimard, 1962). La majeure partie des essais et conférences contenus dans les *Wegmarken* sont parus dans les quatre tomes des *Questions* (Paris, Gallimard, 1966, 1968 et 1976).

2. Les textes déjà disponibles à paraître dans le tome 80 sont indiqués dans la bibliographie.

d'une « métaphysique du *Dasein* » que Heidegger élabora entre 1927 et 1930[1]. Pour quelques années seulement, le penseur de Meßkirch reconnut ouvertement le caractère *métaphysique* de sa pensée, ce qu'il n'avait jamais fait auparavant et qu'il ne fera plus après. Il faut voir dans ce projet un moment charnière du cheminement heideggérien, dans la mesure où tout en constituant la « conversion métaphysique » de l'ontologie fondamentale de 1927, il annonce aussi les développements du milieu et de la fin des années 1930 dans les textes du « cycle » des *Beiträge*.

Les quatre conférences auxquelles nous faisons référence ont été données entre janvier 1929 et décembre 1930, dates qui correspondent à ce que l'on est en droit de considérer comme le « sommet » de la période métaphysique de Heidegger. Mais l'interlude métaphysique avait débuté plus tôt. C'est en effet à partir de l'hiver 1926/27[2], soit immédiatement terminée la rédaction de *Sein und Zeit*, que Heidegger a commencé à regarder la métaphysique d'un bon œil. Ce n'est cependant qu'à l'été 1928 que Heidegger mentionne pour la première fois le projet d'une « métaphysique du *Dasein* »[3]. La dernière mention apparaît dans le cours du semestre d'été 1930[4].

---

1. Au sujet de ce projet d'une métaphysique du *Dasein*, nous nous permettons de renvoyer à notre ouvrage *La métaphysique du Dasein. Heidegger et la possibilité de la métaphysique (1927-1930)*, préface de Jean Grondin, Bucharest, Zeta Books, 2010.

2. *Geschichte der Philosophie von Thomas von Aquin bis Kant*, *GA* 23, p. 7 *sq.*

3. *Metaphysische Anfangsgründe der Logik im Ausgang von Leibniz*, *GA* 26, p. 125.

4. *Vom Wesen der menschlichen Freiheit. Einleitung in die Philosophie*, *GA* 31, p. 206. Nous nous servirons toujours, *quitte à les modifier*, des traductions françaises existantes des textes de Heidegger (dont la liste complète est donnée en bibliographie). Nous n'avons indiqué la référence du texte français que dans les cas où la pagination de l'original n'était pas reprise en marge.

Une rupture dans le cheminement eut lieu à ce moment. À l'hiver 1930/31, dans un cours consacré à la *Phénoménologie de l'esprit* de Hegel, Heidegger adopte une nouvelle attitude face à la tradition métaphysique. Contre la métaphysique absolue hégélienne, Heidegger ne souhaite désormais plus présenter une *autre* métaphysique – c'était encore le cas en mars 1930, nous le verrons, dans la conférence *Hegel und das Problem der Metaphysik* – mais une pensée *autre*, une pensée qui dépasse l'ensemble de la métaphysique et qui ne cherche plus à s'inspirer de ses apories. La métaphysique sera désormais pensée comme « onto-théo-logie »[1].

*

Les quatre conférences sur lesquelles nous nous penchons dans cette étude rendent bien compte de la transformation qui eut lieu entre la fin des années 1920 et le commencement des années 1930. Entre janvier 1929 et décembre 1930, Heidegger aura tout d'abord présenté une reformulation *métaphysique* de son projet d'une ontologie fondamentale avant de le dépasser vers une réflexion sur l'essence de la vérité qui, de bien des manières, rompt avec le fil conducteur phénoménologique que Heidegger suivait depuis le début des années 1920.

La première conférence, *Philosophische Anthropologie und Metaphysik des Daseins*, est une conférence donnée le 24 janvier 1929 devant la Kantgesellschaft à Francfort-sur-le-Main[2]. Heidegger y expose son projet d'une métaphysique du *Dasein* en le dissociant de celui de l'anthropologie philo-

1. *Hegels Phänomenologie des Geistes*, *GA* 32, p. 141-142.
2. Des indications au sujet des quatre conférences inédites se trouvent dans la bibliographie (« Textes n'appartenant pas à l'Édition complète »).

sophique et en soulignant les points de divergence qui existent entre ces deux façons de concevoir la philosophie. Il s'agit d'une thématique que Heidegger présentera quelques mois plus tard dans les premières sections de son cours du semestre d'été 1929 consacré à l'idéalisme allemand[1] ainsi que dans la quatrième et dernière partie de son ouvrage *Kant und das Problem der Metaphysik*[2].

La seconde conférence, *Hegel und das Problem der Metaphysik* tenue à Amsterdam le 22 mars 1930, a recours au procédé d'interprétation déjà déployé dans le *Kantbuch* l'année précédente, mais appliqué cette fois à Hegel. Il s'agit ici d'une *reprise* (*Wiederholung*) non plus de «l'instauration des fondements de la métaphysique» comme c'était le cas avec Kant, mais bien de son «accomplissement». La métaphysique a été accomplie par Hegel, soutient alors Heidegger, et pourtant, le *problème* de la métaphysique – la question de l'être – n'a pas été résolu. Dans cette conférence, la solidarité avec la métaphysique est encore intacte; il n'est pas question de dépasser la métaphysique mais bien d'en reprendre la question fondamentale.

La troisième conférence, *Des heiligen Augustinus Betrachtung über die Zeit. Confessiones lib. XI* a été donnée au cloître de Beuron le 26 octobre 1930. Il s'agit, de la part de Heidegger, d'un retour à Augustin, qui fut l'une de ses grandes sources d'inspiration dans son interrogation sur le temps. Ainsi, Heidegger revient sur un thème quelque peu mis en veilleuse depuis *Sein und Zeit*, mais ne propose pas, comme on aurait pu s'y attendre, une *reprise métaphysique* du questionnement augustinien sur le temps.

1. *Der deutsche Idealismus (Fichte, Schelling, Hegel) und die philosophische Problemlage der Gegenwart, GA* 28, p. 14 *sq.*

2. *Kant und das Problem der Metaphysik, GA* 3, p. 205 *sq.*

La quatrième et dernière conférence, *Philosophieren und Glauben. Das Wesen der Wahrheit*, a été lue le 5 décembre 1930 à Marbourg et constitue l'une des premières versions de la conférence bien connue *Vom Wesen der Wahrheit* publiée seulement en 1943 dans une version « maintes fois révisée »[1]. Heidegger a identifié à plusieurs reprises cette conférence à un tournant dans son cheminement[2]. Comme nous le verrons en abordant la version originale de cette conférence, c'est à la fin de l'année 1930 que Heidegger a découvert cette voie nouvelle qui le mènera aux réflexions du milieu et de la fin des années 1930.

Les quatre textes sur lesquels nous travaillerons ne sont pas encore disponibles dans la *Gesamtausgabe* et n'ont pas été rédigés en vue d'une publication. La conférence sur Hegel est la seule qui soit aujourd'hui disponible comme telle et ce, à l'extérieur du cadre de la *Gesamtausgabe*. La conférence sur l'essence de la vérité, quant à elle, n'existe que dans une version publiée treize ans plus tard et qui compte de nombreuses modifications.

L'étude ici présentée souhaite rendre accessible le contenu de ces conférences données entre janvier 1929 et décembre 1930 afin de bien cerner le moment charnière que représente ces années pour ce qui est de l'abandon du projet de l'ontologie fondamentale, projet qui trouve son origine dans l'herméneutique de la facticité et qui se prolonge dans la métaphysique du *Dasein*. Pour ce faire, nous souhaitons non seulement analyser le contenu de ses conférences et tracer des parallèles avec les textes déjà disponibles, mais aussi retracer les événements importants qui ont marqué ces deux années de la vie de

---

1. *GA* 9, p. 483.

2. Voir la remarque publiée en 1943 en annexe de la conférence (*GA* 9, p. 201-202) ainsi que la conférence *Die Frage nach der Technik* (*GA* 7, p. 25).

Heidegger. Nous proposons donc, à partir d'une lecture de
ses correspondances et d'autres témoignages de l'époque, de
suivre le professeur Heidegger, alors au sommet de sa gloire,
dans ses déplacements à travers l'Allemagne et de nous arrêter
sur les événements marquants, tels les rencontres de Davos en
mars 1929 ou le refus du poste offert à Berlin en mai 1930.
Mais notre étude a aussi comme but d'exposer ce moment
qui précède immédiatement ce qu'il est maintenant convenu
d'appeler le tournant. Après la conférence de décembre 1930,
Heidegger cesse de déployer ses projets philosophiques
devant ses étudiants pour se convertir, comme il l'écrit, en un
« surveillant de galerie » qui se contente d'enseigner à lire
les Grecs[1]. C'est désormais loin des « projecteurs », dans
l'intimité de la *Stube* et des « cahiers noirs » que la pensée de
Heidegger s'élabore.

*

Ce livre a été écrit à Munich / Harlaching, dans le cadre
d'un séjour de recherche financé par la fondation Alexander
von Humboldt. Je souhaite tout d'abord remercier ceux qui ont
mis entre mes mains ces textes inédits. Mes remerciements
vont ensuite à ceux qui m'ont aidé à obtenir et donné la
permission de reproduire les images incluses dans ce livre :
MM. Ullrich Melle et Thomas Vongehr (Louvain, Husserl-
Archiv), Mme Angelika Menze (née Rumm), Mme Anna Julie
Warner (Staats- und Universitätsbibliothek Bremen),
Mme Sabine Peege-Marcussen (Bremer Tageszeintungen
AG), F. Petrus Dischler (Beuron, Bibliothek der Erzabtei
St. Martin) et M. Timothy Nelson (Davos,
Dokumentationsbibliothek).

---

1. Lettre à Jaspers du 20 décembre 1931.

1929

LE DÉBAT AVEC L'ANTHROPOLOGIE
PHILOSOPHIQUE

La publication de la première partie de *Sein und Zeit* au printemps 1927 a fait de Heidegger une figure d'importance dans le panorama philosophique allemand des années 1920. Son nom circule et les étudiants accourent tout d'abord à Marbourg-sur-la-Lahn puis à Fribourg-en-Brisgau pour assister à ses cours. Mais la réception de l'œuvre ne se fait pas sans heurts. On peut croire, avec Heidegger, qu'une certaine incompréhension caractérise la première réception de l'ouvrage : la majorité des lecteurs escamotent la question de l'être pour se concentrer sur des thèmes plus attirants, comme l'angoisse, l'être-au-monde ou l'être-pour-la-mort. Ainsi, à partir de la parution de son *Hauptwerk*, Heidegger s'ingénue à éliminer les malentendus et à insister inlassablement sur la primauté philosophique de la question de l'être. Comme il l'écrira des années plus tard, il trouve alors refuge dans les textes de Kant qui lui permettent de défendre la pertinence de la question posée dans *Sein und Zeit* au sujet de l'être [1].

---

1. « Vorwort zur vierten Auflage » (1973), *Kant und das Problem der Metaphysik*, GA 3, p. XIV.

À l'hiver 1928/29, Heidegger donne son premier cours fribourgeois depuis son retour de Marbourg. Dans ce cours simplement intitulé *Einleitung in die Philosophie*, il souhaite montrer ce qui distingue la véritable philosophie de la science et de ce que l'on appelle la vision du monde (*Weltanschauung*). Parallèlement à ce cours, il offre aussi des exercices phénoménologiques sur la *Grundlegung* de Kant, sur les principes ontologiques et sur le problème des catégories. Bien qu'il occupe désormais la chaire de philosophie qui avait appartenu à Husserl et à Rickert avant lui, Heidegger n'hésite pas à conserver le ton «métaphysique» qui caractérise le dernier cours de Marbourg consacré à Leibniz et dans lequel il se permit de présenter, à la surprise de ses étudiants, une «métaphysique de la vérité». Ce ton rompt évidemment avec celui de *Sein und Zeit* qui n'évoquait guère la métaphysique que pour dénigrer une certaine tendance de la philosophie contemporaine. Le premier cours de Fribourg sera aussi fidèle à cette idée déployée dans le dernier cours de Marbourg selon laquelle la philosophie doit désormais être conçue comme une «métaphysique de l'existence humaine» qui aborde cette existence à partir du mouvement de transcendance qui lui est propre. La métaphysique du *Dasein* remplace donc l'ontologie fondamentale de *Sein und Zeit* qui s'orientait essentiellement sur la compréhension de l'être et que Heidegger considère déjà comme une façon «plus traditionnelle» de concevoir le rapport du *Dasein* à l'être [1].

Ce retour à Fribourg, Heidegger l'avait lui-même souhaité et au mois d'avril 1929, aux derniers instants de son tout premier cours, il semble très satisfait du contact «rafraîchissant et

---

1. *GA* 27, p. 338.

fructueux » avec les étudiants[1]. Cela contraste avec le climat de Marbourg dans lequel il ne s'était jamais senti à son aise. Bien qu'on ait vu en Heidegger le continuateur de la grande tradition philosophique de Marbourg et qu'on ait tout fait pour le retenir, lui-même n'a jamais apprécié cette université. Pour justifier son départ, Heidegger prétexta que son maître Husserl souhaitait poursuivre plus loin leur collaboration[2].

Lorsque le semestre de l'hiver 1928/29 prend fin, Heidegger se rend immédiatement à Francfort pour donner, devant la Kantgesellschaft, une conférence très courue. Le professeur de la Forêt Noire, précédé par sa réputation, attire les étudiants, mais aussi de nombreux curieux, venus davantage pour la « personnalité » du conférencier que pour la philosophie elle-même[3]. Cette conférence fut d'ailleurs l'occasion pour Heidegger de rencontrer, pour la seule fois dans sa vie, Theodor W. Adorno, un jeune musicien de vingt-cinq ans qui préparait alors son habilitation en philosophie sous la direction de Paul Tillich. Mais la rencontre marquante pour Heidegger fut surtout celle de Kurt Riezler, alors curateur de l'Université de Francfort-sur-le-Main, avec qui il se liera d'amitié en haut des montagnes à Davos.

---

1. Lettre à Blochmann du 12 avril 1929.

2. Víctor Farías, *Heidegger et le nazisme*, Lagrasse, Verdier, 1987, p. 77.

3. Comme l'écrit Víctor Farías, la *Frankfurter Zeitung* du 25 janvier 1929 rapportait « que la personnalité du conférencier attira une multitude considérable d'auditeurs qui n'étaient sans doute pas versés dans les problèmes de la philosophie, mais se hasardèrent pourtant à pénétrer dans le monde complexe des définitions et distinctions les plus subtiles » (*ibid.*, p. 78).

*

L'interprétation de l'ontologie fondamentale comme une contribution à l'anthropologie philosophique caractérise la première réception de *Sein und Zeit*. Pour lutter contre ce préjugé, Heidegger a été forcé de souligner toujours davantage ce qui distingue son projet philosophique de celui de penseurs comme Helmuth Plessner, Arnold Gehlen et Max Scheler. Il projette même à cette époque de publier un texte qui lui permettrait de répondre aux critiques et aux malentendus. Cette tendance anthropologique – qui a atteint les proportions d'une « épidémie » – Heidegger l'avait cependant déjà mise hors-jeu au § 10 de *Sein und Zeit* sans que ces éclaircissements produisent l'effet escompté. La discussion avec l'anthropologie philosophique devient alors une préoccupation constante. L'ontologie fondamentale, soutient en substance Heidegger, n'est pas une anthropologie puisqu'elle ne prend jamais pour objet l'homme mais bien ce dans quoi l'homme doit se jeter s'il veut interroger l'être : le *Dasein*.

La conférence *Philosophische Anthropologie und Metaphysik des Daseins* constitue un témoignage d'importance en ce qui a trait à ce débat entre métaphysique et anthropologie. Certes, elle annonce de nombreux thèmes qui nous sont connus par des publications ultérieures, mais c'est sans conteste ce texte qui expose avec le plus de clarté le projet d'une métaphysique du *Dasein* que Heidegger articule alors en quatre étapes spécifiques. Cette conférence est enfin l'occasion pour Heidegger de rendre à nouveau hommage à Max Scheler, décédé le 19 mai 1928.

L'ANTHROPOLOGIE PHILOSOPHIQUE
ET LA MÉTAPHYSIQUE DU DASEIN
FRANCFORT-SUR-LE-MAIN, 24 JANVIER 1929

Afin d'introduire à l'alternative soulignée dans le titre de la conférence, Heidegger parle tout d'abord des deux tendances qui déterminent la philosophie de la fin des années 1920 en Allemagne, soit l'anthropologie et la métaphysique[1]. Ces deux tendances sont, selon Heidegger, des tendances philosophiquement authentiques dont l'unité n'est cependant jamais mise en question et demeure indéterminée. De surcroît, chacune de ces tendances est indéterminée quant à sa tâche propre. La tendance à l'anthropologie ne manque certes pas d'ambition – elle va jusqu'à considérer que c'est à elle qu'il revient d'interroger l'essence de la vérité – mais elle procède sans orientation claire. La tendance à la métaphysique – qui se présente généralement dans les milieux philosophiques comme un renouvellement de l'idéalisme allemand (Hegel, Schelling) – est elle aussi indéterminée en ce qu'elle ne parvient pas à identifier son problème fondamental. Pour Heidegger, il s'agit donc de faire face à ces deux tendances grâce à un questionnement radical, productif et concret, de telle sorte que

---

1. Heidegger aura recours au même procédé dans l'introduction à son cours du semestre d'été 1929 (*GA* 28, p. 9-40).

l'on puisse les déterminer dans leur intention, leur possibilité et leur limite et ainsi, parvenir à les maîtriser.

Le problème de la coappartenance des questions «qu'est-ce que l'homme?» et «qu'est-ce que l'étant comme tel et dans son ensemble?»[1] – questions anthropologique et métaphysique respectivement – semble pouvoir se résoudre simplement en affirmant que la première est une sous-question appartenant à la seconde, dans la mesure où l'homme est un étant au sein de l'étant dans son ensemble. Mais cette solution demeure superficielle tant et aussi longtemps que l'unité de ces deux tendances philosophiques fondamentales n'est pas pensée à partir d'un ou *du* problème philosophique fondamental. Avant d'interroger l'unité de ces deux questions philosophiques particulières, il nous faut tout d'abord définir ce qu'est la question fondamentale de la philosophie.

C'est ainsi que l'idée encore obscure d'une «métaphysique du *Dasein*» doit être mise en lumière. Que signifie *Dasein*? Il s'agit de l'étant que nous-mêmes sommes, mais il ne s'agit pas de l'homme. On peut entrevoir ici comment l'anthropologie philosophique et la métaphysique du *Dasein* se distinguent: l'une interroge l'homme, tandis que l'autre interroge l'étant que nous sommes et qui, selon ce qu'en disait *Sein und Zeit*, est à même de comprendre et d'interroger l'être. Mais dans la mesure où la frontière séparant l'anthropologie philosophique et l'analytique existentiale a été généralement mal comprise, Heidegger souhaite ici parcourir le chemin qui mène de l'anthropologie philosophique à la métaphysique du *Dasein*, à cet endroit précis où se présente le lien originaire entre la métaphysique et la question portant sur l'essence de l'homme.

---

1. Au sujet de la caractérisation de la métaphysique comme interrogation sur l'étant comme tel et dans son ensemble, nous renvoyons à notre ouvrage *La métaphysique du Dasein*, *op. cit.*, p. 131-137.

Pour ce faire, Heidegger propose de commencer par mettre en lumière une philosophie qui justement unit en elle de façon authentique les deux tendances, soit le travail philosophique de Max Scheler[1]. Or, dans le cadre de cette conférence, Heidegger ne souhaite pas simplement rapporter ce que Scheler soutenait dans ses ouvrages, mais bien ouvrir un dialogue avec lui à partir d'une question radicale qui, selon Heidegger, avait troublé Scheler lors de leur dernière rencontre[2].

1. Rappelons que Max Scheler est mort quelques mois plus tôt, à l'âge de 53 ans. Heidegger lui rendit alors un hommage touchant dans son cours du semestre d'été 1928 (« *In memoriam* Max Scheler », *GA* 26, p. 62-64). Selon ce que rapporte un étudiant qui était présent lors de cet hommage, Heidegger, qui conservait toujours une certaine froideur en classe, aurait alors eu des sanglots dans la voix et aurait versé des larmes (voir Arnold von Buggenhagen, *Philosophische Autobiographie*, Meisenheim am Glan, Hain, 1975, p. 34). Quelques mois plus tard, Heidegger dédiera d'ailleurs à Scheler son ouvrage *Kant und das Problem der Metaphysik*. Au sujet de la proximité des deux penseurs, on consultera les études de Richard Wisser (« Fundamental-Anthropologie (Max Scheler) oder Fundamental-Ontologie (Martin Heidegger)? Umrisse einer entscheidenden Kontroverse an einem Scheideweg », dans *Vom Weg-Charakter philosophischen Denkens. Geschichtliche Kontexte und menschliche Kontakte*, Würzburg, Königshausen & Neumann, 1998), d'Otto Pöggeler (« Ausgleich und anderer Anfang. Scheler und Heidegger », dans Ernst Wolfgang Orth et Gerhard Pfafferott (éds.), *Studien zur Philosophie von Max Scheler*, Internationales Max-Scheler-Colloquium « Der Mensch im Weltalter des Ausgleich » (Universität zu Köln), Freiburg i.B., Alber, 1994), et notre article « Una metafísica como remedio a la "desolación total de la situación filosófica" de los años 1920 (Martin Heidegger, Max Scheler) », *Pensamiento. Revista de investigación e información filosófica*, 2008/241, p. 389-407.

2. Au sujet de cette dernière rencontre du 27 décembre 1927, on consultera le cours sur Leibniz (*GA* 26, p. 164-166) et la préface au *Kantbuch* (*GA* 3, p. XVI). Dans une lettre envoyée à Manfred S. Frings datée du 6 août 1964, Heidegger a aussi évoqué cet entretien où, selon ce qu'il affirme, il fut explicitement question du rapport entre la question de *Sein und Zeit* et la métaphysique (voir Manfred S. Frings, *Person und Dasein*, La Haye, Martinus Nijhoff, 1965, p. XII).

I. L'IDÉE D'UNE « ANTHROPOLOGIE PHILOSOPHIQUE »
SON INDÉTERMINATION ET SA LIMITE INTERNE

L'essai *Zur Idee des Menschen* (1915) de Max Scheler
témoigne bien, selon Heidegger, de la profondeur de son
anthropologie philosophique. Dans ce texte, Scheler écrivait :
« Selon une certaine idée, les problèmes centraux de la philosophie se laissent ramener à la question de savoir ce qu'est
l'homme et quels position et lieu métaphysiques il occupe au
sein du tout de l'être, du monde et de Dieu »[1]. Jusque dans les
derniers jours de sa vie, Scheler a cherché à résoudre la difficulté que représente une définition unitaire de l'homme et la
détermination de sa position dans l'être[2]. Scheler entrevoyait
d'ailleurs que sa position anthropologique ne pouvait faire
autrement que de culminer dans un traitement des problèmes
métaphysiques. Si Heidegger applaudit ce dépassement de sa
position de base anthropologique, il lui reproche cependant de
considérer les questions métaphysiques comme la « culmina-
tion » (*Aufgipfelung*) de la philosophie, plutôt que d'y voir son
« enracinement » (*Verwurzelung*). Dans la perspective d'une
métaphysique du *Dasein*, les questions métaphysiques doivent
constituer le *terminus a quo* et non le *terminus ad quem* du
questionnement philosophique. La question portant sur
l'homme est certes l'une des questions les plus importantes,

1. « In gewissem Verstande lassen sich alle zentralen Probleme der
Philosophie auf die Frage zurückführen, was der Mensch sei und welche
metaphysische Stelle und Lage er innerhalb des Ganzen des Seins, der Welt und
Gott einnehme » (*Abhandlungen und Aufsätze I*, Leipzig, Der Weissen Bücher,
1915, p. 319).

2. Heidegger cite un passage de la préface à *Die Stellung des Menschen im
Kosmos* (*Späte Schriften*, *Gesammelte Werke*, Bd. 9, Bern-München, Francke
Verlag, 1976, p. 9) rédigée par Scheler à Francfort à la fin avril 1928, soit
quelques jours seulement avant de mourir.

mais elle ne peut supporter à elle seule la philosophie. Le questionnement de Scheler n'en demeure pas moins d'une grande signification pour le propos de Heidegger – qui est de comprendre le lien entre l'anthropologie et la métaphysique.

Afin de mettre en lumière la signification de l'expression « anthropologie philosophique », Heidegger interroge la façon dont l'anthropologie prétend être philosophique. Elle peut tout d'abord, soutient-il, être une anthropologie aux *manières* philosophiques, c'est-à-dire une anthropologie qui n'interroge pas l'homme de façon empirique, mais qui s'attache à son essence et à sa constitution ontologique. Elle considère alors l'homme comme un domaine d'étant au sein de l'étant dans son ensemble et se constitue en une ontologie régionale de l'homme. Mais l'anthropologie peut aussi avoir une *intention* philosophique, c'est-à-dire considérer que la question de l'homme possède une fonction marquée pour la philosophie elle-même et pour la réalisation de celle-ci. Dans ce cas, l'homme n'est pas considéré comme une région d'étant, comme un étant parmi d'autres, mais comme l'étant qui a préséance sur les autres. Heidegger considère que la justification que donne l'anthropologie philosophique de cette importance octroyée à l'homme dans le domaine du questionnement philosophique est hésitante. Selon lui, on légitime la préséance tantôt en invoquant le *but* de la philosophie (l'élaboration d'une éthique ou d'une *Weltanschauung* dans laquelle l'homme puisse trouver sa position), tantôt en se référant au *point de départ* de la philosophie (au sens cartésien de l'*ego sum*, par exemple).

Soulignant cette équivocité de l'anthropologie philosophique, Heidegger en profite pour montrer que l'idée d'une telle discipline est elle-même indéterminée. De la sorte, elle n'est aucunement apte à être cette discipline centrale de la philosophie qu'elle souhaite être. À la fois point de départ et but de la philosophie, l'homme se voit octroyé le rôle de foyer

du questionnement philosophique. Certes, en tant qu'il philosophe et se rapporte par cette activité à l'étant, l'homme doit
pouvoir être considéré comme le centre de la philosophie.
Cela, Kant l'avait déjà souligné en rapportant les questions
philosophiques fondamentales à celle portant sur l'homme [1].
Néanmoins, Heidegger rappelle que Kant n'a pas pour autant
prôné l'anthropologisme.

La position de l'anthropologie philosophique correspond à
ce que l'on critique à bon droit sous le titre d'*anthropologisme*.
En tant qu'empirisme, l'anthropologisme rapporte en effet tout
le questionnement philosophique au fait « homme », sapant
ainsi les ambitions de la philosophie d'être une science non
empirique. Mais c'est aussi le subjectivisme de cette position
que l'on peut critiquer. Tout objet se trouve désormais déterminé et conçu dans son rapport à l'homme et la possibilité de
la connaissance de l'objet *en soi* se trouve menacée. Selon
Heidegger, l'anthropologisme et sa critique doivent être
dépassés afin que la tendance philosophique authentique qui en
constitue le fondement puisse être comprise. Or, le problème
premier de l'anthropologie philosophique n'est pas seulement
son indétermination, mais surtout sa *limite interne*.

La limite interne de l'anthropologie philosophique
consiste en ceci qu'elle ne se fonde pas sur l'essence de la
philosophie et sur l'essence de son problème fondamental.
Cette limite demeure dissimulée si l'on se contente de critiquer
l'anthropologisme ou le subjectivisme de cette position philosophique. C'est la *nécessité* de reconduire les problèmes philosophiques à la question de l'homme qui, comme telle, n'est
jamais justifiée. Jamais n'est interrogée la manière dont les
problèmes philosophiques trouvent leur origine dans la question

---

1. Voir *Phänomenologische Interpretation von Kants Kritik der reinen
Vernunft*, *GA* 25, p. 69 *sq.* et *GA* 3, p. 205 *sq.*

de l'homme. Il s'agit donc de transformer en un *problème
explicite* le rapport entre la question de l'homme et l'essence
de la philosophie et ainsi d'éclairer la fonction de l'anthropologie philosophique à l'intérieur de la philosophie. Pour ce
faire, il faudra identifier *la* question fondamentale (*Grundfrage*)
de la philosophie et indiquer de quelle façon celle-ci exige que
la question portant sur l'essence de l'homme devienne à son
tour une question fondamentale (*fundamental*)[1].

II. Le problème fondamental de la philosophie comme métaphysique et la question portant sur l'essence du *Dasein* comme question fondamentale

Le problème fondamental de la philosophie doit être *cette*
question d'où surgissent toutes les autres et qui confère à la
philosophie son statut d'universalité. Mais ce problème, note
Heidegger, doit être découvert *à même l'essence de la philosophie*. D'où l'exigence d'une caractérisation de l'idée de la
philosophie comme métaphysique qui rende manifeste l'origine et le contenu du problème fondamental de la philosophie.
Il s'agit donc d'interroger l'enracinement du problème fondamental (*Grundproblem*) de la philosophie de telle sorte que
l'on puisse découvrir dans quelle mesure la question fondamentale (*Fundamentalfrage*) de la métaphysique n'est autre
que la question portant sur l'essence du *Dasein*. Pour ce faire,

1. Heidegger semble ici (et un peu plus tard dans la conférence) distinguer
entre la *Grundfrage* ou le *Grundproblem* de la philosophie – la question de
l'être, comme on le verra – et la *Fundamentalfrage* – la question portant sur
l'essence du *Dasein*. *Sein und Zeit* employait ces deux expressions indistinc-
tement pour évoquer l'une ou l'autre question. Comme nous le verrons en
abordant la conférence *Hegel und das Problem der Metaphysik*, une distinction
claire apparaît en 1930 entre *Grundfrage* et *Leitfrage* de la philosophie.

Heidegger souhaite expliciter la caractérisation de l'idée de philosophie comme métaphysique, puis définir le problème fondamental de la métaphysique afin de montrer comment le problème fondamental se déploie à partir de la question portant sur l'essence du *Dasein*.

Pour caractériser l'idée de philosophie comme métaphysique, Heidegger choisit d'emprunter *le* chemin que la philosophie emprunte toujours lorsqu'elle cherche à déterminer son essence, soit celui d'une détermination d'essence de la connaissance et de la science. La connaissance a comme caractéristique particulière de chercher la vérité, c'est-à-dire le hors-retrait (*Unverborgenheit*), la manifesteté (*Offenbarkeit*) de l'étant. Connaître, en ce sens, c'est rendre l'étant manifeste. La science, quant à elle, se définit comme connaissance *positive*, c'est-à-dire comme une connaissance qui a pour thème le *positum*, le subsistant, l'objet au sens de l'objectivation (*Vergegenständlichung*).

Chaque recherche concrète se trouve donc toujours devant de l'étant déterminé à l'avance. Un objet naturel ou un objet historique présuppose toujours ce qui appartient comme tel à la nature où à l'histoire. Suivant ce qu'il avait déployé au § 69 de *Sein und Zeit*, Heidegger soutient alors que les sciences travaillent toutes avec des concepts fondamentaux qui ne sont jamais thématisés comme tels par la science elle-même. La science physique, par exemple, se définit dans la projection préalable de ses concepts fondamentaux (mouvement, espace, temps, etc.), mais n'interroge jamais l'essence de ces derniers. Les sciences positives se définissent dans la délimitation préalable de leur champ de recherche, qui est à la fois la projection des possibilités de la science. Le projet de ces possibilités n'est pas quelque chose que la science pourrait maîtriser. C'est à la philosophie que revient la tâche de délimiter les champs de connaissance, c'est-à-dire d'effectuer le projet de la constitution d'être de l'étant.

Ainsi, la philosophie ne se penche pas sur l'étant, mais bien sur l'être de l'étant en question, sur cela qui fait de l'étant un étant ou, dans une formule qu'emploie souvent Heidegger, sur l'étant comme tel (*das Seiende als solches*). La philosophie ne s'intéresse pas à l'étant rendu manifeste par la science, mais bien à l'étant au milieu duquel l'homme – lui-même un étant – existe. Puisque la science ne s'intéresse jamais qu'à un domaine d'étant particulier et puisqu'il n'y a rien de tel qu'une « science générale », l'étant dans son ensemble (*das Seiende im Ganzen*) demeure fermé (*verschlossen*)[1] à la science. C'est donc ainsi que se caractérise l'objet de la philosophie : la philosophie se dirige vers *l'étant comme tel* et *l'étant dans son ensemble* – un problème qui, par un hasard, a reçu la désignation superficielle de « métaphysique »[2]. Platon et, de façon plus marquée mais autrement problématique, Aristote ont tendu tous leurs efforts vers cette idée[3], une idée qui a aussi fait la force de la philosophie de Leibniz, Kant, Hegel et Schelling[4].

1. Nous verrons que dans la conférence *Philosophieren und Glauben*, le retrait (*Verborgenheit*) de l'étant dans son ensemble – que Heidegger appelle aussi « le mystère » (*das Geheimnis*) – devient un thème d'une importance décisive.

2. La caractérisation de la métaphysique comme interrogation portant sur « l'étant comme tel et dans son ensemble » est présentée à maintes reprises à l'époque. Voir, entre autres, *GA* 26, p. 33 ; *GA* 27, p. 245 ; *GA* 28, p. 25-26 et 126 ; *Die Grundbegriffe der Metaphysik. Welt – Endlichkeit – Einsamkeit*, *GA* 29/30, p. 65-66 ; trad. p. 74-75 et *GA* 31, p. 37-38.

3. Voir, à ce sujet, les indications que Heidegger donne concernant le *Sophiste* de Platon et *Métaphysique* Z d'Aristote dans *Platon : Sophistes*, *GA* 19, p. 208 *sq.* Sur cette question, voir aussi notre *Métaphysique du Dasein*, *op. cit.*, p. 137-149.

4. Il est significatif que Heidegger mentionne Schelling *après* Hegel. Comme nous le verrons, le cours de l'été 1929 devait d'ailleurs initialement évoquer la triade « Fichte, Hegel, Schelling » et non « Fichte, Schelling, Hegel ».

La métaphysique interroge donc l'étant dans son ensemble, question dont la portée dépasse celle de toutes les autres questions. En ce sens, elle interroge aussi ce qu'il y a de plus général, l'étant comme tel, l'être de l'étant. Cette question éveille à nouveau la question d'autant plus originaire portant sur la signification de l'être et sur la compréhension que nous en avons, c'est-à-dire sur le *concept* de l'être. Le problème fondamental de la métaphysique est donc la question portant sur l'être comme tel et sur la possibilité de la compréhension de l'être. C'est tout cela que résume la formule *Seinsfrage*.

Mais que signifie «comprendre l'être»? Heidegger souligne que si nous connaissons bien les étants (les choses qui nous entourent, les objets d'utilité, la nature matérielle, la nature vivante, les plantes, les animaux, nous-mêmes, les hommes, leurs œuvres et leurs possibilités), il en va autrement pour l'être. Qu'en est-il en effet de l'être? Ne s'agirait-il que d'une pure invention? Hegel lui-même n'a-t-il pas dit que «l'être est le rien»? Mais, ajoute Heidegger, en affirmant qu'il n'est rien, on reconnaît tout de même qu'il n'est pas un étant [1].

Heidegger affirme que bien que nous nous déplacions le long d'un abîme (*Abgrund*) en interrogeant l'être, on ne saurait contester le fait que nous comprenons quelque chose de tel que l'être et que cette compréhension de l'être constitue la plus grande évidence de notre existence. Nous comprenons l'être lorsque nous disons «est», «était», mais aussi dans l'emploi de tout verbe. Même en criant «au feu!» ou «sauve qui peut!», même en nous taisant nous comprenons l'être [2]. Dans

---

1. Heidegger annonce ici discrètement des questions qu'il développera quelques mois plus tard dans sa conférence *Was ist Metaphysik?* de juillet 1929 (*GA* 9, p. 120).

2. Heidegger défend la même idée dans le cours de l'été 1929 (*GA* 28, p. 133).

tout comportement eu égard à l'étant, nous révélons déjà que nous comprenons l'être. Et cette compréhension de l'être s'articule suivant la *quiddité* (*Wassein*) et le *quomodo* (*Wiesein*), c'est-à-dire suivant l'*essentia* et l'*existentia*[1]. La compréhension de l'être précède tout comportement envers l'étant et ce, de façon préconceptuelle (*vorbegrifflich*). Cette compréhension passe inaperçue et est généralement oubliée – et pourtant, elle est *constamment* là. C'est dans cette tranquille évidence, note Heidegger, que réside l'abîme de l'obscurité de la question portant sur le concept d'être.

La question de l'être a néanmoins un contenu déterminé. Selon Heidegger, lorsque nous interrogeons l'être, nous sommes amenés à poser quatre problèmes bien définis[2]. En tant que problème fondamental de la métaphysique, la question de l'être conduit donc depuis l'évidence la plus indifférente vers l'obscurité la plus profonde. La tâche de la métaphysique est celle d'amener cette question à la simplicité et à la clarté du problème fondamental de tout philosopher. Il s'agit tout d'abord de réellement poser cette question, c'est-à-dire la mettre en branle en prenant comme point de départ la compréhension évidente de l'être. Mais pour que cette question puisse se

---

1. Pour rendre l'opposition traditionnelle entre essence et existence, Heidegger a tout d'abord employé les expressions *Wassein* et *Wiesein* (*Die Grundprobleme der Phänomenologie*, *GA* 24, p. 291, 350 et 415; *GA* 26, p. 3; *GA* 27, p. 184-186 et 274) avant de leur préférer celles de *Wassein* et *Daßsein* (*GA* 26, p. 137, 183, 191-192 et 228; *GA* 28, p. 43, 68 et 276; *GA* 29/30, p. 481-482, 498, 506 et 518-520; *GA* 31, p. 160-161 et 302).

2. Soit 1) celui de la différence entre l'être et l'étant (la possibilité et l'essence d'une telle différence), 2) celui de l'articulation fondamentale de l'être (*essentia*, *existentia*), 3) celui des différentes modes de l'être (l'être-sous-la-main, la vie, l'existence, la subsistance) et 4) celui du caractère véritatif de l'être. Heidegger avait déjà exposé ces quatre problèmes à l'été 1927 (*GA* 24, p. 20-25 et 33) et à l'été 1928 (*GA* 26, p. 191-194).

mettre en marche, elle doit porter à la clarté son point de départ tout comme son but. La compréhension de l'être en est le point de départ, mais que signifie pour celle-ci d'être la racine de la question de l'être ? De quelle façon doit se faire l'élaboration du problème fondamental de la métaphysique ?

La question de l'être se comprend comme la transition de la compréhension évidente et préconceptuelle de l'être à sa conceptualisation (*Begreifen*) explicite[1]. Mais d'où tient-on que nous devions nous transposer dans cette compréhension de l'être pour trouver le point de départ de la question de l'être ? Aucune transposition n'est nécessaire : nous nous mouvons toujours déjà et de façon nécessaire dans cette compréhension. « Nous », c'est-à-dire cet étant que nous sommes à chaque fois nous-mêmes et que nous appelons « homme ». La compréhension de l'être doit certes être saisie comme une propriété de l'homme, mais comme une propriété telle qu'elle constitue le cadre problématique de toute autre détermination de l'essence de l'homme.

Or, si l'on considère la question de l'être comme le problème fondamental de la philosophie et si celle-ci doit émerger de la compréhension de l'être saisie comme propriété de l'homme, ne devrait-on pas conclure que l'anthropologie constitue la discipline centrale de la philosophie ? Cette discussion du problème fondamental de la métaphysique ne vient-elle pas confirmer la légitimité et la nécessité de l'anthropologie philosophique ? Cela pourrait être vrai si la

---

1. Cette formulation de la problématique de l'être qui était constitutive du projet de l'ontologie fondamentale – qui visait à « l'obtention du concept fondamental (*Grundbegriff*) "être" » (*Sein und Zeit*, dorénavant cité *SZ*, Tübingen, Niemeyer, 2001[18], p. 39) – a cependant déjà été critiquée à l'été 1927 (*GA* 24, p. 458-459) et le sera plus ouvertement dans les *Beiträge zur Philosophie* (*GA* 65, p. 451).

compréhension de l'être n'était *qu'une* propriété de l'homme parmi d'autres qui viendrait s'ajouter à une idée de l'homme déjà obtenue. Il faut cependant voir les choses autrement : la compréhension de l'être est une détermination d'essence centrale de l'homme de telle sorte que la question portant sur l'essence de l'homme ne peut être déployée qu'en jetant un regard sur cette compréhension de l'être. Ce qui devient évident ici, c'est la nécessité de rejeter toute considération qui fait de l'anthropologie une discipline centrale de la philosophie. La compréhension de l'être, affirme Heidegger, ne fait pas qu'appartenir à l'essence de l'homme. Elle constitue bien plutôt cela en vertu de quoi l'homme peut être quelque chose de plus originaire que l'homme, c'est-à-dire fonder son être-homme dans ce que nous appelons le *Dasein*[1].

La compréhension de l'être ne peut donc être réduite à une propriété même essentielle de l'homme. On doit plutôt carac-

---

1. Heidegger développe aussi cette idée d'un dépassement de l'homme par le *Dasein* – et donc de l'anthropologie par la métaphysique – dans le *Kantbuch* (*GA* 3, p. 229-230). Ici, Heidegger souligne cette supériorité du *Dasein* sur l'homme en évoquant l'idée platonicienne de l'entrée de l'âme dans le corps humain : « Toute âme a par nature contemplé les étants véritables (τὰ ὄντα); elle ne serait point entrée sans cela dans le corps d'un homme » (*Phèdre*, 249e4 *sq.*) et « L'âme qui n'a jamais vu la vérité ne saurait revêtir la forme humaine » (*ibid.*, 249b5 *sq.*). Heidegger pense donc le *Dasein* comme une âme qui aurait été tout d'abord en contact avec le concept ou la vérité de l'être avant de s'incarner dans un corps d'homme et de devoir retrouver, par la voie de la réminiscence, l'être jadis contemplé et oublié. Les parallèles tracés entre le problème de *Sein und Zeit* et le concept de réminiscence du *Phèdre* sont d'ailleurs nombreux à cette époque (voir surtout *GA* 24, p. 462-465; *GA* 26, p. 184-188; *GA* 27, p. 214-215 et *GA* 28, p. 276-277). Comme l'indique Heidegger dans le *Kantbuch*, « la finitude du *Dasein* – la compréhension de l'être – *réside dans l'oubli* » et c'est la raison pour laquelle l'instauration des fondements de la métaphysique, le *Grundakt* de la métaphysique du *Dasein*, prend la forme d'une réminiscence (*GA* 3, p. 233).

tériser celle-ci selon trois traits fondamentaux. Premièrement,
la compréhension de l'être est la *possibilité fondamentale*,
c'est-à-dire la possibilité pour le *Dasein* d'être cet étant qui,
dans son exister, se comporte envers l'étant qu'il est lui-même
et envers l'étant qu'il n'est pas. C'est donc elle qui lui permet
d'être l'étant qu'il est à chaque fois lui-même. Deuxièmement,
la compréhension de l'être doit être saisie comme quelque
chose *d'évident* mais qui doit aussi être mis en question
(*fraglich*). Tout en rendant possible le rapport à l'étant, l'être
est *oublié*. Que la possibilité fondamentale du *Dasein* réside
dans l'oubli, c'est ce que Heidegger appelle le fait métaphysique originaire (*metaphysisches Urfaktum*). Troisièmement,
cette compréhension de l'être ne doit pas être saisie comme
une connaissance portant sur l'être, mais bien comme *l'événement fondamental du Dasein lui-même* (*Grundgeschehen des
Daseins selbst*)[1]. Ici, Heidegger joue sur l'étymologie du mot
Geschehen pour affirmer que l'existence de l'homme n'est
possible comme telle que sur le fondement de cette histoire
(*Geschichte*) originaire.

Cet événement originaire de la compréhension de l'être
propre au *Dasein* et dans lequel l'homme existant factuelle-

---

1. L'expression «*Grundgeschehen des Daseins selbst*» annonce la
considération propre à la conférence *Was ist Metaphysik?* donnée quelques
mois plus tard dans laquelle Heidegger définit la métaphysique (et non plus
la seule compréhension de l'être) comme «l'événement fondamental [qui
advient] dans le *Dasein lui-même* et [qui advient] *comme Dasein*» (*das Grundgeschehen im und als Dasein selbst*) (Bonn, Cohen, édition originale de 1929,
p. 28; dans une version quelque peu modifiée: *GA* 9, p. 121-122). De même,
dans le *Kantbuch*, Heidegger écrivait «La métaphysique n'est pas quelque
chose que l'homme aurait "créé" dans des systèmes et des doctrines. La compréhension de l'être, tout comme son projet et son rejet, *advient* (*geschieht*) bien
plutôt dans le *Dasein* comme tel. La "métaphysique" est l'événement fondamental pour l'irruption dans l'étant, ce qui advient avec l'existence factuelle de
quelque chose de tel que l'homme en général» (*GA* 3, p. 242; trad. p. 298).

ment est jeté (*geworfen*) est donc plus originaire que l'être-homme lui-même. Cette question portant sur la compréhension de l'être et qui constitue le point de départ de la question de l'être est, selon ce qui vient d'être dit, la question de l'essence du *Dasein* qui comprend l'être sur le mode de l'oubli. Cette question est plus originaire que toute autre question qui porterait sur l'homme compris comme un étant parmi d'autres. C'est en elle que trouve son fondement la question de l'être. Le dévoilement de l'essence du *Dasein* est, en tant qu'instauration des fondements du problème fondamental de la métaphysique lui-même, une ou encore *la* question métaphysique. Ainsi, la métaphysique du *Dasein* a pour tâche la mise en lumière, à partir de l'essence du *Dasein*, de la possibilité interne de la compréhension de l'être. Mais quels sont les traits de cette « métaphysique du *Dasein* » ?

III. LE CARACTÈRE FONDAMENTAL
DE LA MÉTAPHYSIQUE DU *DASEIN*

La métaphysique du *Dasein* se détermine à partir de la tâche qui est la sienne, soit celle de mettre en lumière la possibilité de la compréhension de l'être propre au *Dasein*. Or, cette compréhension de l'être est ce qui rend possible que le *Dasein* rende manifeste l'étant dans son ensemble et le rende manifeste *comme étant*. Mais cela n'advient, souligne Heidegger, que si le *Dasein* « saute au-delà » de l'étant, que s'il le dépasse. Grâce à ce saut (*Übersprung*), quelque chose advient dans le *Dasein*. Plus exactement : le *Dasein* n'est rien d'autre que l'événement de ce saut, nommément *la transcendance*[1]. La

---

1. Au sujet de ce concept métaphysique de transcendance, le texte le plus complet est sans doute la seconde partie de l'essai *Vom Wesen des Grundes*

métaphysique du *Dasein* aura donc pour tâche d'élaborer et de préserver cette transcendance.

Mais l'idée d'une compréhension de l'être implique aussi que le *Dasein* s'attache à l'étant et qu'il se mesure lui-même à l'aune de l'étant. Cette mesure ontique n'est cependant possible que sur le fondement de la transcendance, comprise comme un attachement originaire que le *Dasein* s'octroie librement à lui-même. Il s'agira donc aussi pour la métaphysique du *Dasein* de libérer cette *liberté* originaire du *Dasein*[1].

La compréhension de l'être implique que le *Dasein* se comporte toujours déjà envers l'étant de telle façon qu'il comprenne en même temps l'être de cet étant. Mais cela n'est possible que si le *Dasein* se trouve déjà au milieu de l'étant et s'il est transi (*durchwaltet*) par lui. À la métaphysique du *Dasein* appartient donc aussi la tâche de dévoiler cette irruption (*Einbruch*) dans l'étant qui advient comme *Dasein*. Bien que l'étant pourrait être sans le *Dasein*, la présence du *Dasein* au monde et l'advenir de cette irruption nous oblige à parler de l'entrée au monde (*Eingang in Welt*) des étants[2].

Enfin, la compréhension de l'être implique un rapport particulier – bien qu'obscur – au temps. Dans la philosophie traditionnelle, on répartit en effet les étants selon qu'ils sont intratemporels, extratemporels, supratemporels et atemporels.

(*GA* 9, p. 137-162) dont la rédaction était terminée au mois d'octobre 1928. Pour ce qui est de son interprétation comme « saut » (*Übersprung*), voir *GA* 26, p. 212-214 et 233-234.

1. Cette idée d'une prise de mesure sur l'étant ainsi que celle d'une libération de la liberté seront développées dans la conférence *Philosophieren und Glauben*. Heidegger fait d'ailleurs ici une brève référence au laisser-être (*Seinlassen*) qui constitue le concept fondamental de la conférence de décembre 1930.

2. Au sujet du *Welteingang* de l'étant, voir *Vom Wesen des Grundes*, *GA* 9, p. 159, mais surtout *GA* 26, p. 249-252 et 270-284.

Les concepts de «préalable», d'«a priori» ou de «réminiscence» eux-mêmes évoquent un certain rapport au temps.
L'être et la compréhension de l'être sont donc marqués d'un
caractère temporel. Ainsi, la métaphysique du *Dasein* devra
interroger la temporalité du *Dasein* pour ensuite mettre en
lumière l'essence originaire du temps eu égard à la question de
l'être, c'est-à-dire interroger le rapport de l'ὄν à la ψυχή, pour
ensuite interroger le rapport de l'ὄν au χρόνος[1]. Le problème
de l'être se concentre donc sur celui de la temporalité du
Dasein – d'où le projet intitulé *Sein und Zeit*[2].

Le dévoilement libérateur de cet événement originaire
qu'il appelle *Dasein*, Heidegger ne le présente pas comme
une simple prise de connaissance, mais bien comme un saut
(*Einsprung*) que l'homme philosophant doit effectuer dans le
Dasein. Ce saut dans l'événement fondamental du *Dasein* doit
cependant avoir la question de l'être comme unique visée pour
ainsi permettre à la philosophie de prendre pied dans cet
événement et qu'ainsi advienne *la métaphysique* qui n'a rien à
voir avec la présentation de traités et d'écrits. Ce saut pourrait
tout d'abord être interprété comme une limitation de la philosophie à la question anthropologique ou encore comme une
exacerbation de la fonction de sujet. Or, cette interprétation
erronée, soutient Heidegger, est typique du sens commun pour
qui «concentration sur l'homme» ne peut signifier autre chose
qu'«égoïsme», «individualisme» ou «subjectivisme». C'est

---

1. Pour une formulation similaire du problème, voir *GA* 26, p. 188.
2. Le projet de la métaphysique du *Dasein* s'articule donc en quatre étapes
bien définies : 1) élaboration et préservation de l'événement originaire de la
transcendance ; 2) libération de la liberté originaire du *Dasein* ; 3) dévoilement
de l'irruption dans l'étant qui advient comme *Dasein* et 4) mise en lumière de
l'essence originaire du temps eu égard à la question de l'être.

aussi, souligne-t-il, la seule interprétation à laquelle parvienne la philosophie traditionnelle.

IV. CONCLUSION

La métaphysique du *Dasein* déploie donc la seule question portant sur l'homme qui permette d'en interroger l'essence. Certes, celle-ci place l'homme au centre, *mais pas en tant qu'homme*. L'homme existe dans l'essence du *Dasein* et, en tant que temporalité, il y est de façon *ekstatique*, *excentrique*. Placer le *Dasein* au centre signifie en même temps jeter l'homme à l'extérieur du centre[1]. Il ne faut pas chercher ici une forme d'anthropocentrisme, mais bien son plus radical dépassement. La métaphysique du *Dasein* est cette racine commune aux deux tendances dont il a été question au début. Ce n'est qu'à partir de cette métaphysique que chacune peut trouver sa légitimité, sa nécessité et sa limite.

La compréhension de l'être constitue le fondement de l'existence de l'homme. La compréhension de l'être doit donc être saisie comme l'acte fondamental de la philosophie. Philosopher ne signifie rien d'autre que le devenir essentiel de l'homme à partir du *Dasein*. Mais cela exige deux pré-requis : que l'homme ait en lui la force de se tourner vers le *Dasein* et qu'il trouve la volonté suffisante pour entrer dans l'événement fondamental. L'acte de philosopher doit donc être compris comme une transformation de lui-même, c'est-à-dire comme un être à l'écoute de la force interne du *Dasein* pour la discussion dans la simplicité du problème fondamental.

1. Voir *Vom Wesen des Grundes*, *GA* 9, p. 162, note 59.

LA FOIRE PHILOSOPHIQUE
DANS LES ALPES

À son retour de Francfort, Heidegger fit part à son ami de Marbourg, Rudolf Bultmann, qu'il avait été très satisfait de la conférence. Il commenta ainsi la sensation d'avoir présenté devant le public son projet métaphysique qui fait de la «reine des sciences» un événement advenant dans l'existence du *Dasein* : «Dans l'ensemble, j'ai été très satisfait. On se sent véritablement introduit au sein de l'événement et on sent bien sûr aussi la rigueur de la responsabilité. Ce fut pour moi une expérience étrange de voir que l'on me répondait »[1]. Satisfait de l'effet qu'eut cette exposition de sa métaphysique du *Dasein*, Heidegger souhaite répéter l'expérience dans un dialogue avec la *Critique de la raison pure* de Kant, un texte sur lequel il travaille constamment depuis l'hiver 1925/26. C'est à Davos en Suisse qu'il pourra tout d'abord faire une telle expérience.

À la fin de l'année 1928, Heidegger fut invité à participer aux deuxièmes cours universitaires de Davos qui eurent lieu

---

1. Lettre à Bultmann du 27 janvier 1929.

du 16 mars au 6 avril 1929. Les cours se tinrent sous le thème « Mensch und Generation » et il fut convenu que Heidegger prendrait part à un débat avec Ernst Cassirer autour de l'œuvre de Kant. Ce débat philosophique historique opposa non seulement deux philosophes, mais surtout deux « traditions » philosophiques, soit la phénoménologie représentée par Heidegger et le néokantisme dont Cassirer constitue sans doute le dernier grand représentant. Les deux philosophes comptaient parmi les plus importants de l'époque : Heidegger est alors porté par l'énorme succès de *Sein und Zeit* et Cassirer, qui fut nommé recteur de l'Université de Hambourg à la fin de la même année 1929, par celui de sa *Philosophie des formes symboliques* (1923-1929) dont le troisième tome parut quelques mois plus tard.

En février 1928 eurent lieu les premiers cours en haute montagne qui comptèrent sur la présence de quarante-cinq professeurs – dont Albert Einstein, qui prononça la conférence d'ouverture – trois cent soixante-quatre étudiants et quatre cents auditeurs. L'objectif initial de ces cours était de permettre aux étudiants malades de tuberculose de pouvoir faire une cure sans être obligés d'interrompre leurs études. Mais par-delà ces considérations d'ordre pratique, on célébra le succès des premiers cours comme celui d'une certaine réconciliation entre les peuples français et allemand, réconciliation alors symbolisée par les accords de Locarno de 1925. Ces accords étaient le résultat des efforts d'Aristide Briand et de Gustav Stresemann, tous deux prix Nobel de la Paix en 1926. Les étudiants qui participèrent à ces cours provenaient en effet pour la plupart d'Allemagne et de France, mais on y retrouvait aussi des Suisses, des Italiens et des Néerlandais. Les cours de

1931 furent malheureusement les derniers. Cinq ans plus tard en 1936, Hitler occupera de nouveau la Rhénanie, rendant caduques à la fois les accords de Locarno et l'idée même des « Etats-Unis d'Europe » si chère à Aristide Briand.

Entre la fin du semestre d'hiver et son départ pour Davos, Heidegger se retire dans la *Hütte* de Todnauberg pour travailler sur les trois conférences qu'il donnera à Davos sur le thème « La *Critique de la raison pure* de Kant et la tâche d'une instauration des fondements de la métaphysique »[1] et qui constituent le squelette du livre *Kant und das Problem der Metaphysik* alors en gestation.

Dans sa correspondance, Heidegger a écrit à ses amis Jaspers, Stenzel et Blochmann que ce n'est pas la « foire philosophique », mais bien l'expérience nouvelle du ski en haute montagne qui l'a décidé à accepter de participer aux cours. Or, bien qu'il soutienne n'avoir rien tiré de ces rencontres sur le plan philosophique, Heidegger a beaucoup apprécié les échanges qu'il eut avec Ernst Cassirer et Karl Reinhardt qui donna une importante conférence sur Hérodote. Heidegger avait pris depuis longtemps ses distances avec le néokantisme de son premier maître (Heinrich Rickert), mais il tenait Cassirer en haute estime et s'était même grandement inspiré du deuxième tome de sa *Philosophie der symbolischen Formen* (intitulé *Das mythische Denken*, 1925) pour les sections qu'il consacra, dans son cours de l'hiver 1928/29, à l'existence mythique

---

1. « Davoser Vorträge : Kants Kritik der reinen Vernunft und die Aufgabe einer Grundlegung der Metaphysik », parues tout d'abord dans *Davoser Revue*, IV, 1929/7, p. 194-196 ; maintenant dans *GA* 3, p. 271-273.

(*das mythische Dasein*) et à l'apparition des conditions de possibilités de la réflexion philosophique [1].

Selon Heidegger, l'offre des cours de Davos est beaucoup trop diversifiée pour que les étudiants puissent s'y retrouver. La vie dans un grand hôtel de Davos n'est pas non plus pour plaire au paysan de la Forêt Noire qui considère l'architecture de la ville comme le comble du kitsch. Seules les excursion en ski rendent la vie supportable là-haut. Mais tout comme à Fribourg, Heidegger est agréablement surpris par le niveau des étudiants. Il faut dire que les cours de Heidegger sont alors bien fréquentés : Rudolf Carnap, Otto Friedrich Bollnow, Joachim Ritter, Jean Cavaillès, Emmanuel Levinas, Hans Barth, Maurice de Gandillac, Eugen Fink, Alfred Sohn-Rettel, Herbert Marcuse, Karl Mannheim, Norbert Elias et Leo Strauss comptent parmi ses auditeurs, tout comme les professeurs Erich Przywara de Munich, Kurt Riezler et Karl Reinhardt de Francfort, Hendrik J. Pos d'Amsterdam et Léon Brunschwicg de Paris [2].

---

1. *GA* 27, p. 39-44. Heidegger avait d'ailleurs fait paraître un long compte-rendu de l'ouvrage de Cassirer en 1928 dans la *Deutsche Literaturzeitung* (*GA* 3, p. 255-270). À ce sujet, nous renvoyons à l'étude de Jeffrey Andrew Barash, « Cassirer et Heidegger : mythe politique et histoire », dans *Politiques de l'histoire. L'historicisme comme promesse et comme mythe*, Paris, PUF, 2004.

2. *Die II. Davoser Hochschulkurse 17. März bis 6. April 1929*, Davos, 1929 (cité dans Dominic Kaegi, « Die Legende von Davos », dans Heinrich Böll Stiftung (éd.), *Hannah Arendt : Vorbergene Tradition – Unzeitgemäße Aktualität ?, Deutsche Zeitschrift für Philosophie*, 16. Sonderband, Berlin Akademie Verlag, 2007, p. 75). Pour des raisons financières, les plus fidèles étudiants de Heidegger (Hans-Georg Gadamer, Karl Löwith et Gerhardt Krüger) n'avaient pu se rendre aux cours de Davos.

*Accompagné de Kurt Riezler et d'une amie, Heidegger à Davos dans
sa légendaire combinaison de ski (photo : Privatarchiv Joachim
Ritter, Documentationsbibliothek Davos).*

Le 17 mars au matin, Heidegger prend donc un train pour
Davos qui est situé à 300 km de Fribourg. Bien qu'il n'ait
pas neigé depuis des semaines et que la neige soit donc très
dure, Heidegger, son ami Kurt Riezler et le Vicaire Stallmann
d'Innsbruck s'aventurent en haute montagne. Le 21 au matin,
les trois amis font l'ascension du Weissfluhjoch à 2700 m
d'altitude et descendent jusqu'au village de Küblis situé à une
vingtaine de kilomètres de Davos, à 800 m d'altitude. En tout,
la descente s'étend sur une douzaine de kilomètres. C'est la
première fois que Heidegger tente l'aventure des Alpes, lui qui
est plutôt habitué aux collines et aux petites montagnes de la
Forêt Noire. Passées les premières frayeurs, il découvre que la
technique qu'il a mise au point à Todtnauberg fonctionne aussi
bien à Davos.

Les amis rentrent en fin d'après-midi au village de Davos et Heidegger donne la première de ses trois conférences sur Kant qui a pour thème « le point de départ de l'instauration kantienne des fondements de la métaphysique ». Selon la légende, c'est dans ses habits de ski que Heidegger se présente à l'hôtel où ont lieu les conférences. L'horaire des conférences a d'ailleurs été établi de telle sorte que Heidegger puisse skier toute la journée et ne donner ses conférences qu'au moment où le soleil est déjà tombé, vers 17 heures. Le 22, il donnera une conférence sur le thème « la mise en œuvre de l'instauration des fondements de la métaphysique » et le 23, une autre sur « l'originarité de la tâche kantienne ». Cette troisième confé-rence d'une heure et demie dans laquelle il présentait l'imagi-nation transcendantale comme la racine de la sensibilité et de l'entendement, Heidegger l'a donnée sans manuscrit – ce qui n'était pas son habitude – et obtint un grand succès. Heidegger considère les cours assez éreintants et refuse d'ailleurs de donner plus de conférences que les trois prévues au programme[1]. Selon ce qu'il rapporte, il fait assez bonne impression sur les non-Allemands qui assistent aux cours – ce que souhaitait au plus haut point sa femme Elfride.

---

1. Les trois conférences correspondent donc aux trois premières des quatre parties de l'ouvrage *Kant und das Problem der Metaphysik*. Selon ce que rapporte Karlfried Gründer dans son texte « Cassirer und Heidegger in Davos 1929 » (dans Hans-Jürg Braun *et alii* (éds.), *Über Ernst Cassirers Philosophie der symbolischen Formen*, Francfort-sur-le-Main, Suhrkamp, 1988, p. 293), l'horaire du congrès indique que Heidegger a donné ses cours les 18, 19 et 21 mars en après-midi et Cassirer, les mêmes jours, en avant-midi. Mais selon ce que Heidegger écrit à sa femme le 21 mars 1929, il a plutôt donné ses cours les 21, 22 et 23 mars. Cassirer semble avoir donné les siens les jours indiqués sur l'horaire, puisque le 21, il n'a pas été en mesure de donner son troisième et dernier cours, contraint qu'il fut de garder le lit à cause d'une forte grippe.

Heidegger en combinaison de ski dans les montagnes
de Davos (photo : Privatarchiv Joachim Ritter,
Dokumentationsbibliothek Davos).

Heidegger en combinaison de ski devant le Grand Hôtel Belvédère
de Davos et sous les yeux amusés des participants aux cours
universitaires (photo : Privatarchiv Jocahim Ritter,
Dokumentationsbibliothek Davos).

Mais le moment clé des cours de Davos fut sans contredit
la discussion publique qui opposa Heidegger à Cassirer sur
le thème « Le kantisme et la signification de Kant pour le
présent » et qui attira environ deux cents auditeurs. Le philosophe néokantien, qui était arrivé enrhumé à Davos et qui

avait dû gardé le lit après avoir donné deux conférences, se lève enfin le 26 pour une session de travail en commun avec Heidegger. Pour préparer cette discussion, Heidegger avait dû se rendre au chevet de Cassirer et lui faire part du contenu de ses conférences auxquelles celui-ci n'avait pu assister. Bien que cette interprétation phénoménologique de Kant soit nouvelle pour Cassirer, il connaît néanmoins déjà l'arrière-fond de l'ontologie fondamentale. Il a en effet profité de l'occasion des rencontres de Davos pour lire *Sein und Zeit* et se familiariser avec ce nouveau vocabulaire philosophique[1]. Bien qu'il soit plutôt en désaccord avec cette conception du travail philosophique, Cassirer estime grandement l'œuvre.

La discussion commence par une question posée à Heidegger par Cassirer au sujet de ce qu'est le « néokantisme » et qui semble être devenu la tête de Turc de la philosophie récente[2]. Pour Heidegger, le néokantisme est une philosophie d'inspiration soi-disant kantienne qui s'oriente vers les questions d'épistémologie et que la jeunesse d'aujourd'hui refuse, elle qui cherche, comme le notait déjà Max Weber en 1917, un moyen de recueillir la vie réelle. Certes, on peut se demander si Cassirer représente parfaitement cette tradition *épistémologisante* ou si sa philosophie des formes symboliques n'est pas déjà un dépassement du néokantisme de Cohen, Windelband et Rickert[3]. Son œuvre s'inscrit néanmoins dans

1. Toni Cassirer, *Mein Leben mit Ernst Cassirer*, Hildesheim, Gerstenberg Verlag, 1981, p. 181.

2. « Davoser Disputation zwischen Ernst Cassirer und Martin Heidegger », *GA* 3, p. 274.

3. Dans une lettre amère du 17 juillet 1929 écrite à Heidegger, Rickert s'insurge d'avoir été inclus dans cette liste de philosophes qui ne reconnaissent pas la profondeur *métaphysique* de Kant et renvoie Heidegger à son *Kant als Philosoph der modernen Kultur* (Tübingen, 1924). Dans la réponse qu'il lui

cette tradition dont la position fondamentale est ouvertement *kantienne*. Comme l'ont souligné beaucoup de commentateurs, la rencontre entre les deux philosophes doit être interprétée comme celle d'une pensée ancrée dans la grande tradition kantienne et humaniste avec une philosophie qui souhaite la renverser en lui montrant la fragilité de ses fondements.

Au cours de la discussion, Cassirer fait porter l'attention sur les considérations heideggériennes au sujet de la vérité et rejette l'idée propre au § 44 de *Sein und Zeit* selon laquelle il n'y aurait pas de vérités éternelles et nécessaires, mais que toute vérité serait relative au *Dasein*[1]. Ici, Heidegger tente de clarifier ce que l'on doit entendre par « relatif au *Dasein* » – et qui n'est aucunement une forme de relativisme – en évoquant cette détermination de l'existence du *Dasein* que *Sein und Zeit* appelait « l'être-dans-la-vérité »[2]. Heidegger insiste alors sur le fait, déjà souligné dans *Sein und Zeit*, que c'est toujours depuis l'être-dans-la-non-vérité (*In-der-Unwahrheit-sein*) que doit être arrachée la vérité – d'où l'utilisation par les Grecs d'une expression privative (ἀλήθεια) pour parler de la vérité[3]. Or, cette non-vérité qui appartient au cœur de la structure du *Dasein* trouve son fondement dans la finitude du *Dasein*. La finitude comme trait essentiel du *Dasein* est ce sur quoi le *Kantbuch* insistera. Si *Sein und Zeit* avait évoqué l'être-jeté et la facticité du *Dasein*, c'est sa finitude qui, dans la métaphysique du *Dasein*, explique l'impossibilité propre à l'existence

---

fera, Heidegger fait porter le blâme de l'apparition du nom de Rickert dans cette liste à une erreur dans la retranscription de la *disputatio* (Lettre du 25 juillet 1929). Mais dans la version révisée par Heidegger et parue en 1973, le nom de Rickert s'y trouve évidemment encore.

1. *GA* 3, p. 277.
2. *GA* 3, p. 281 et *SZ*, p. 363.
3. *SZ*, p. 222.

humaine de s'assurer de ses fondations propres. Dans la mesure où le *Dasein* est fini, l'être-dans-la-non-vérité appartient nécessairement à son être-dans-la-vérité. Cette coappartenance essentielle de la vérité et de la non-vérité sera, comme nous le verrons, un thème fondamental de la conférence *Philosophieren und Glauben* que nous aurons à analyser dans la dernière partie de cette étude.

Ernst Cassirer et Heidegger sur la terrasse du Grand Hôtel Belvédère de Davos (photo : Privatarchiv Joachim Ritter, Dokumentationsbibliothek Davos).

Selon Heidegger, la discussion avec Cassirer s'est très bien déroulée. Cela est essentiellement dû, souligne Heidegger, à la diplomatie et à l'élégance de Cassirer qui, pour éviter que la rencontre se transforme en un combat, préféra jouer la carte de la conciliation. Heidegger dit de lui qu'il était « extrêmement distingué et presque trop aimable »[1]. Cassirer, ajoute-t-il, lui aurait offert trop peu de résistance, ce qui aurait empêché que les problèmes trouvent une formulation tranchée. Heidegger nourrissait certes une admiration pour Cassirer, mais souhaitait très certainement que sa phénoménologie livre enfin publiquement la lutte à la philosophie néokantienne. C'est d'ailleurs ainsi que la femme de Cassirer se souvient de cet « hurluberlu » de Heidegger : comme quelqu'un d'hostile et qui était là pour livrer bataille[2]. Mais il y a sans doute beaucoup d'exagération dans ces souvenirs qui sont eux-mêmes animés par beaucoup d'hostilité envers Heidegger. Immédiatement après les cours de Davos, Heidegger a invité Cassirer à donner une conférence à Fribourg[3]. Cassirer accepta l'invitation et rapporta que Heidegger avait été envers lui « très ouvert et immédiatement amical »[4] – contredisant l'animosité qui imprègne les souvenirs de Toni Cassirer.

---

1. Lettre à Blochmann du 12 avril 1929.

2. Toni Cassirer, *Mein Leben mit Ernst Cassirer*, *op. cit.*, p. 182.

3. Selon Deniz Coskun, Cassirer aurait donné à Fribourg une conférence sur Rousseau (*Law as Symbolic Form. Ernst Cassirer and the Anthropocentric View of Law*, Dordrecht, Springer, 2007, p. 63). Il s'agirait alors sans doute de travaux entourant l'essai « Das Problem Jean-Jacques Rousseau » paru en 1932 dans *Archiv für Geschichte der Philosophie* (Ernst Cassirer, *Aufsätze und kleine Schriften (1932-1935)*, *Gesammelte Werke*, Bd. 18, Hamburg, Felix Meiner, p. 3-82).

4. Toni Cassirer, *Mein Leben mit Ernst Cassirer*, *op. cit.*, p. 184.

Il est sans doute inutile de chercher à déterminer qui de Heidegger ou de Cassirer est sorti vainqueur des rencontres de Davos. La discussion entre les deux montre essentiellement que malgré un certain fond commun – la reconnaissance de la dimension métaphysique de l'œuvre de Kant[1] – leurs positions respectives ne peuvent que très difficilement faire l'objet d'un débat. Mais si l'on se fie aux retranscriptions de la discussion – dues à Otto Friedrich Bollnow et Joachim Ritter[2] – deux choses ressortent clairement : tout d'abord, que la discussion a davantage porté sur la pensée de Heidegger que sur celle de Cassirer et, deuxièmement, que Heidegger a parlé bien plus que Cassirer. C'est d'ailleurs lui qui se chargea de conclure la discussion en s'adressant aux auditeurs pour leur expliquer ce qu'ils avaient à retirer de la discussion à laquelle ils venaient d'assister[3]. Est-ce dû à la fatigue de Cassirer qui, en dépit d'une très forte grippe, avait donné un cycle de conférences avant la *disputatio* avec Heidegger ? C'est possible. Mais d'une façon ou d'une autre, on ne peut dire que l'un ou l'autre des deux penseurs ait « gagné la bataille » sur la montagne. Les deux positions philosophiques ont été mises l'une en face de l'autre, sans que la tentative, à la suite d'une requête de Hendrik J. Pos,

1. C'est en effet ce dont témoigne la lettre du 25 juillet 1929 que Heidegger a écrite à Rickert : « Nous étions tous les deux [*sc.* Cassirer et Heidegger] d'accord sur ceci que par l'introduction superficielle de la métaphysique [dans l'interprétation de la *Critique de la raison pure*], telle qu'elle advient chez Heimsoeth [*sc.* « Metaphysische Motive in der Ausbildung des kritischen Idealismus », *Kant-Studien* 1924/29] et chez d'autres, non seulement rien n'est gagné, mais la profondeur de l'interprétation antérieure de Kant n'est même pas encore atteinte ».

2. « Davoser Disputation zwischen Ernst Cassirer und Martin Heidegger », *GA* 3, p. 274-296.

3. *Ibid.*, p. 295-296.

d'une traduction de l'une dans le langage de l'autre[1] ait pu réellement permettre que s'engage un véritable débat.

Malgré ses appréhensions initiales, Heidegger semble être reparti satisfait de Davos. Certes, selon lui, le véritable travail philosophique ne se fait pas devant le grand public et demande plutôt le calme de la maison de Fribourg ou de sa *Stube* de Todtnauberg. Heidegger écrivit même à sa femme que les étudiants ont bien senti que son travail prenait racine en un lieu étranger à l'homme de la ville d'aujourd'hui. Mais Heidegger reconnaît que l'importance accordée pendant quelques jours à la philosophie constitue quelque chose de positif. Le débat avec Cassirer a fait fureur et a été commenté dans de nombreux journaux de l'époque. Le monde universitaire européen s'intéressa le temps d'un congrès à la philosophie et même si, pour cela, la philosophie doit accepter de se convertir en un événement (*Sensation*), Heidegger considère que c'est un prix raisonnable à payer. Quelques mois après les cours de Davos, Heidegger jettera un regard rétrospectif positif sur toute cette « foire philosophique » qu'il avait tout d'abord ridiculisée. À Jaspers, il écrira que l'expérience de Davos lui a montré que cela avait encore un sens que de participer à de tels événements, même s'il fallait accepter « de faire l'objet de ragots (*man ins Gerede kommt*) »[2].

1. *GA* 3, p. 287 *sq.*
2. Lettre du 25 juin 1929.

LE LIVRE SUR KANT
ET L'HOMMAGE À HUSSERL

Au retour de la Suisse, Heidegger se remet à la tâche qui l'occupe alors à temps plein : la rédaction d'un ouvrage sur Kant où il livrerait son interprétation *métaphysique* de la *Critique de la raison pure*. Cet ouvrage qui se présente comme une lecture serrée du texte de Kant – et que Heidegger aurait rédigé en trois semaines[1] – a aussi l'ambition d'être une « introduction historique » à *Sein und Zeit*[2]. Heidegger a donc tenté de tirer profit de son expérience avec les étudiants à Davos pour présenter les choses d'une façon plus simple.

C'est entre les conférences et les descentes à ski de Davos que Heidegger a commencé la rédaction de l'ouvrage comme tel. De retour à Fribourg, Heidegger dort tout d'abord deux journées complètes avant de partir, lors du congé de Pâques, pour une longue randonnée avec Elfride et les enfants (qui ont alors huit et dix ans) jusqu'à Todtnauberg, en passant par le

---

1. Postface de l'éditeur, *GA* 3, p. 315.

2. Lettre à Bultmann du 9 avril 1929. Voir aussi ce qu'écrit Heidegger à ce sujet dans la préface à la première édition du *Kantbuch* : « En tant qu'introduction "historique", [l'ouvrage] cherche à clarifier la problématique traitée dans la première moitié de *Sein und Zeit* » (*GA* 3, p. XVI).

Schluchsee situé dans le parc naturel du sud de la Forêt Noire. En tout, la petite famille marchera quelques cinquante-cinq kilomètres avant d'arriver à la *Hütte*. C'est là que Heidegger achève la rédaction du *Kantbuch*.

L'ouvrage sur Kant a ceci de particulier par rapport à *Sein und Zeit* qu'il n'évoque déjà plus le vocabulaire phénoménologique. Il ne faut pas croire que Heidegger ait pour autant renié le trait phénoménologique de sa pensée – ce qu'il ne fera jamais[1] – mais il semble vouloir éliminer d'autres malentendus qui pourraient provenir de l'association de sa pensée avec celle de Husserl. Depuis son retour à Fribourg, ses relations avec Husserl sont d'ailleurs au point mort[2]. La tentative de collaboration, en octobre 1927, pour l'article de l'*Encyclopaedia Brittanica* s'est soldée par un échec et Husserl commence alors à comprendre que leurs chemins ne convergent plus.

C'est pourtant Heidegger qui sera chargé de prononcer le discours lors la célébration du soixante-dixième anniversaire de Husserl, le 8 avril 1929 en après-midi, dans la maison des Husserl de la Lorettostrasse à Fribourg. Accompagné d'une introduction, le texte du discours paraîtra un mois plus tard dans les *Akademische Mitteilungen* de l'Université de Fribourg[3].

1. En témoignent des textes comme *Über das Prinzip « Zu den Sachen selbst »* de 1957 (*Heidegger Studies*, 1995/11, p. 5-8) ou *Mein Weg in die Phänomenologie* de 1963 (*GA* 14, p. 101).

2. Lettre de Husserl à Alexander Pfänder du 6 janvier 1931 (dans Edmund Husserl, *Briefwechsel*, Bd. II, *Die Münchener Phänomenologen*, La Haye, Martinus Nijhoff, 1994, p. 180-184).

3. *Akademische Mitteilungen. Organ für die gesamten Interessen der Studenschaft von der Albert-Ludwig-Universität in Freiburg i.Br.*, 4ᵉ série,

La présence, en habits de cérémonies, du recteur de l'Université de Fribourg (Paul Uhlenhuth) et des doyens des cinq facultés venus offrir leurs vœux au nom de l'Université témoigne de l'importance du personnage fêté. C'est à cette occasion que sera remis à un Husserl très surpris la *Festschrift*[1] dans laquelle fut publié pour la première fois l'essai *Vom Wesen des Grundes* que Heidegger a rédigé parallèlement à son dernier cours de Marbourg[2]. Heidegger avait tout d'abord suggéré à Max Niemeyer le nom d'Alexander Pfänder comme éditeur du volume, mais celui-ci ayant décliné l'offre, c'est Heidegger lui-même qui prit les choses en mains. Elfride Heidegger participa elle aussi en s'occupant d'amasser des fonds chez les amis et les admirateurs de Husserl en vue de l'achat d'un buste de Husserl qu'Arnold Rickert avait modelé quelques années auparavant. Husserl avait en effet posé pour le fils de Heinrich Rickert au mois d'août 1920[3].

9e semestre, n° 3 (14 mai 1929), p. 46-47 ; maintenant dans *Reden und andere Zeugnisse eines Lebensweges* (1910-1976), *GA* 16, p. 56-60.

1. *Festschrift. Edmund Husserl zum 70. Geburtstag gewidmet* (Halle an der Saale, Max Niemeyer, 1929) qui contient, en plus de l'essai *Vom Wesen des Grundes* de Heidegger, des textes de Hermann Ammann, Oskar Becker, Ludwig Ferdinand Clauss, Gerhardt Husserl, Roman Ingarden, Fritz Kaufmann, Alexandre Koyré, Hans Lipp, Fritz Neumann, Edith Stein et Hedwig Conrad Martius. L'ensemble des contributions parut dans le *Ergänzungsband* de la même année du *Jahrbuch für Philosophie und phänomenologische Forschung* (Reprint Schmidt Periodicals, 1989).

2. C'est à l'été 1928 que Heidegger commence à préparer ce texte (*GA* 14, p. 100) qu'il finira en octobre de la même année (Lettre à Blochmann du 17 octobre 1928). L'essai paraîtra chez Niemeyer comme *Sonderdruck* de la *Festschrift* le 14 mai 1929.

3. Ce buste (ou sa copie ?) est aujourd'hui exposé aux Archives Husserl de Louvain.

1929

*Buste de Edmund Husserl (copie ?) dû à Arnold Rickert
et conservé aux Archives Husserl de Louvain
(photo : Leuven, Husserl-Archiv).*

Dans ce discours en hommage à Husserl lu devant ses proches (Oskar Becker, Jean Hering, Roman Ingarden, Alexandre Koyré, Karl Löwith, Hendrik J. Pos et Edith Stein[1]), Heidegger évite bien évidemment d'évoquer la critique de la phénoménologie transcendantale que lui-même présente dans ses cours depuis le début des années 1920. Comme il l'a souligné à maintes reprises, le tournant subjectiviste que prit la phénoménologie à partir des *Ideen* ne permit pas à Husserl de suivre les voies prometteuses que sa phénoménologie avait ouvertes avec les *Logische Untersuchungen*. Dans son discours, Heidegger parle plus volontiers de la *Führerschaft* de Husserl et de la *percée* que représente la recherche phénoménologique comme telle. Il cherche malgré tout à souligner, dans une critique en demi-teinte, que l'idée d'une *école de pensée* phénoménologique constituée de fidèles disciples n'existe pas. Heidegger évoque les travaux contenus dans la *Festschrift* en indiquant qu'ils sont «une simple attestation de ce que nous *souhaitions* suivre votre orientation, non pas une preuve de ce que nous sommes devenus vos disciples»[2]. Ainsi, semble dire Heidegger, l'*esprit* de la phénoménologie survivra à la mort de son fondateur, mais l'œuvre comme telle sera dépassée. L'essai que Heidegger propose dans la *Festschrift* en est d'ailleurs un exemple criant, dans la mesure où il n'y est fait mention ni de Husserl et de ses œuvres, ni de la recherche phénoménologique.

Après les discours de Heidegger, du recteur et du doyen, Husserl répondit par un discours bref et humble dans lequel il souligna que les grands mérites qu'on lui attribuait ne lui

---

1. Karl Schumann, *Husserl-Chronik. Denk- und Lebensweg Edmund Husserls*, La Haye, Martinus Nijhoff, 1977, p. 345.
2. *GA* 16, p. 58.

étaient pas dus : « La philosophie a été la mission de ma vie. Je *devais* philosopher ou bien je n'aurais pas pu vivre dans *ce* monde »[1]. À cette époque, Husserl a retrouvé la confiance nécessaire pour mener à bien cette mission. À la fin du mois de février 1929, Husserl avait obtenu un grand succès à Paris alors qu'il s'était rendu à la Sorbonne pour donner deux conférences qui constituent la première ébauche du texte qui paraîtra en 1931 sous le titre *Méditations cartésiennes*. Selon ce que racontera Husserl à Alexander Pfänder, ces conférences et la publication de *Formale und transzendentale Logik* à la fin de juillet 1929 lui permirent de sortir de la dure épreuve que fut pour lui la désertion de Heidegger[2].

L'essai *Vom Wesen des Grundes* est un texte important pour comprendre le destin de l'ontologie fondamentale présenté dans *Sein und Zeit*. Il s'agit de la première publication d'importance de Heidegger depuis 1927, mais elle fait le silence sur ce qui doit constituer la « suite » de *Sein und Zeit*. Au lieu d'y aborder la question intitulée, suivant le plan de 1927, « temps et être », Heidegger tente plutôt d'offrir un éclairage nouveau au mode de questionnement propre à l'ontologie fondamentale[3]. Mais l'essai constitue aussi l'amorce d'une nouvelle façon d'interroger l'être placée sous le signe de la métaphysique. Bien que la première des trois sections composant l'ouvrage soit une reprise des thèses fondamentales de *Sein und Zeit*, la deuxième section réinterprète ces mêmes thèses à partir du phénomène de la transcendance du *Dasein*,

1. C'est ce que rapporte Roman Ingarden dans Edmund Husserl, *Briefe an Roman Ingarden. Mit Erläuterungen und Erinnerungen an Husserl*, La Haye, Martinus Nijhoff, 1968, p. 161.

2. Lettre à Alexander Pfänder du 6 janvier 1931.

3. *GA* 3, p. XVI.

phénomène à peine mentionné en 1927. C'est à partir de ce phénomène que Heidegger pensera dorénavant à la fois l'essence du *Dasein* et celle de la philosophie. Dans l'essai sur le fondement, Heidegger écrit à cet effet : « Une conception plus radicale et plus universelle de la transcendance va nécessairement de pair avec une élaboration plus originelle de l'idée de l'ontologie et, par là, *de la métaphysique* »[1].

Mais le recours à un concept de transcendance ne se veut aucunement un ralliement à la phénoménologie transcendantale. Bien au contraire, ce concept plus originaire de transcendance ne sera pas pensé de façon épistémologique[2], mais à partir de la liberté du *Dasein*, de sa liberté eu égard au fondement (*Freiheit zum Grunde*). C'est d'ailleurs sur une analyse de cette « liberté métaphysique »[3] que se clôt la troisième et dernière partie de l'essai. Nous aurons l'occasion de revenir à ce concept en abordant la conférence *Philosophieren und Glauben* dans la dernière section de la présente recherche.

Kant und das Problem der Metaphysik est imprimé chez l'éditeur Friedrich Cohen à Bonn au mois de mai 1929[4], en même temps qu'une édition « revue et corrigée » de *Sein und Zeit* chez Max Niemeyer à Halle. Cette interprétation de la *Critique de la raison pure* de Kant avait tout d'abord été

1. *GA* 9, p. 140 ; nous soulignons.

2. *GA* 26, p. 206.

3. À ce sujet, nous renvoyons à notre étude « Toward a Metaphysical Freedom. Heidegger's Project of a Metaphysics of Dasein », *International Journal of Philosophical Studies*, 2010/2, p. 205-227.

4. Dans sa postface au tome 3 de la *GA*, Friedrich-Wilhelm von Herrmann indique que l'ouvrage n'est paru qu'à la fin de l'année (*GA* 3, p. 315). Mais cela est contredit par le fait que Jaspers et Bultmann avaient déjà reçu leurs exemplaires le 15 juillet 1929 et que Bultmann parle alors de l'ouvrage comme étant « déjà paru ».

présentée dans les cours donnés à Marbourg à l'hiver 1927/28
et dans une série de conférences données à Riga en septembre
1928. De nombreuses transcriptions des cours circulaient
parmi les étudiants et Heidegger souhaitait publier une version
qui soit de sa main propre.

Cet ouvrage ne se résume pas à une interprétation de Kant,
mais cherche aussi à présenter l'ontologie fondamentale
comme une métaphysique du *Dasein*. Or, dans l'économie du
Kantbuch, ces deux tâches n'en font finalement qu'une puisque
la métaphysique du *Dasein* se comprend comme la reprise
(*Wiederholung*) de l'instauration kantienne des fondements
de la métaphysique. La discussion *historique* de l'ouvrage
présente donc, suivant les principes de la destruction phénoménologique, des visées *systématiques*. Mais il ne s'agit pas
encore pour Heidegger de compléter la tâche entamée dans
Sein und Zeit où il avait annoncé, pour la deuxième partie de
l'ouvrage, une destruction phénoménologique de la doctrine
kantienne du schématisme et du temps. L'ouvrage sur Kant a
tout d'abord comme visée de défaire les interprétations fau-
tives de *Sein und Zeit*[1] en présentant une « introduction "historique" » aux problèmes présentés dans la première partie de
l'ouvrage[2]. Ce souhait propre à Heidegger que *Sein und Zeit*
soit compris dans sa dimension ontologique ou métaphysique
– plutôt que théologique, anthropologique ou autre – le
pousse aussi, en avril 1929, à exiger à son ami Rudolf
Bultmann que son nom soit retiré de la liste des collaborateurs
de la revue *Theologische Rundschau*[3].

---

1. *GA* 3, p. XIV.

2. *Ibid.*, p. XVI.

3. Le nom de Heidegger apparaît néanmoins et ce, jusqu'en 1943. Il n'y
apparaît plus en 1948 lorsqu'après la guerre, la revue reparaît.

L'importante quantité de travail qu'a représentée la rédaction du *Kantbuch* au printemps 1929 empêcha Heidegger de préparer adéquatement son cours de l'été 1929 consacré aux penseurs de l'idéalisme allemand. Ce cours commença le 2 mai 1929, quelques jours avant que le *Kantbuch* ne soit terminé. Comme première partie du cours, Heidegger reprend le thème sur lequel nous nous sommes déjà penchés de la confrontation entre la métaphysique du *Dasein* et l'anthropologie philosophique. Dans cet élan métaphysique qui caractérise alors sa pensée, Heidegger souhaite montrer comment les derniers grands métaphysiciens – Fichte, Schelling et Hegel – n'ont pas réussi à répondre aux exigences d'une métaphysique du *Dasein*, d'une métaphysique qui, comme nous l'avons vu, interroge l'être à partir de l'existence humaine et qui interroge l'existence humaine à partir de la question de l'être. Tout comme Heidegger, ces grands penseurs se sont réclamés de la métaphysique kantienne, mais ils auraient passé outre, selon Heidegger, l'insistance kantienne sur la finitude humaine qui se situe au fondement de la métaphysique et auraient ainsi effectué une sorte de retour en arrière vers les métaphysiques de Leibniz et Spinoza [1]. C'est essentiellement Hegel, le philosophe qui mène l'histoire de la métaphysique à son premier accomplissement dans une métaphysique absolue, qui sert ici d'interlocuteur [2]. Dans le cours, l'œuvre de Schelling sera finalement laissée de côté, Heidegger lui réservant pour un avenir rapproché un rôle plus digne que celui de repoussoir auquel sont confinés Fichte et Hegel. Comme en témoignent un séminaire inédit de 1927/28 et la correspondance avec Jaspers,

---

1. *GA* 28, p. 31.

2. Nous reviendrons plus loin sur le débat entre la métaphysique du *Dasein* et la métaphysique absolue.

Schelling et son traité sur l'essence de la liberté humaine de 1809 sont alors très présents à Heidegger[1]. Le titre du cours du semestre d'été 1929 devait d'ailleurs initialement mentionner les philosophes dans cet ordre : Fichte, Hegel, *Schelling* – un ordre différent de celui que l'œuvre de Richard Kroner a rendu habituel – mais Heidegger s'est désisté au dernier moment[2].

Ce cours est aussi pour Heidegger l'occasion de répondre « publiquement » aux textes qui composèrent l'ouvrage *Lebensphilosophie und Phänomenologie* de Georg Misch dans lesquels le gendre de Dilthey traitait des phénoménologies de Husserl et de Heidegger. C'est contre le premier des quatre textes, consacré à *Sein und Zeit*, que Heidegger prendra position dans le cours de l'été 1929[3]. Misch a envoyé ces textes à Heidegger et ce dernier les a lus avec attention – en témoignent les commentaires que l'on trouve sur les exemplaires de Heidegger[4]. Dans son cours, Heidegger insiste sur l'originarité de ce qu'il appelle la compréhension de l'être par rapport au concept de vie que l'on retrouve dans la *Lebensphilosophie*. Misch a en effet critiqué la volonté de Heidegger de fonder la philosophie sur un concept logique – l'être – et de réduire à néant

1. Voir les lettres 27 septembre et du 8 novembre 1927, ainsi que celle du 10 février 1928.

2. Voir la postface de l'éditeur Claudius Strube, *GA* 28, p. 364.

3. Les textes ont été publiés dans trois numéros du *Philosophischer Anzeiger. Zeitschrift für die Zusammenarbeit von Philosophie und Einzelwissenschaft* (Helmuth Plessner (éd.), Bonn, Cohen), 1928/29 (III. Jahrgang), p. 267-369 et 405-475 et 1929/30 (IV. Jahrgang), p. 181-330. Ils ont par la suite composé un ouvrage intitulé *Lebensphilosophie und Phänomenologie. Eine Auseinandersetzung der Diltheyschen Richtung mit Heidegger und Husserl* (Bonn, Cohen, 1930).

4. Édités par Claudius Strube, « Heideggers Marginalien zu Mischs Auseinandersetzung mit der phänomenologischen Ontologie », *Dilthey-Jahrbuch*, 1999-2000/12, p. 186-221.

les efforts de la philosophie de la vie issue de Dilthey. Heidegger réplique que la question de l'être de *Sein und Zeit* n'est pas une question portant sur la copule de la logique, mais qu'elle constitue la première et dernière question de toute philosophie, « la question la plus intime et la plus secrète du *Dasein* »[1], une question plus originaire que la *Lebensfrage* que la philosophie de la vie place au sommet de l'édifice philosophique.

Parallèlement à ce cours, Heidegger donne des exercices consacrés à la « préface » à la *Phénoménologie de l'esprit* de Hegel et au *De anima* d'Aristote et il offre une interprétation de l'allégorie de la caverne de Platon dans une *Introduction aux études académiques* intitulée *Les études académiques – exister dans le tout du monde*. Un peu comme Max Weber l'avait fait dans sa conférence *Wissenschaft als Beruf* de 1917, Heidegger élabore sa propre critique du système universitaire. Dans ce court texte, Heidegger tente de définir ce qu'est précisément le comportement théorétique qui peut nous permettre d'exister dans le tout du monde. C'est par une interprétation de l'allégorie de la caverne que Heidegger prétend mener à bien cette tâche.

Heinrich Wiegand Petzet et Herbert Marcuse assistaient à ce cours. Selon ce qu'ils en rapportent, la salle était toujours pleine à craquer quand Heidegger entrait dans l'amphithéâtre de son pas rapide. La réputation de grand professeur qui précédait Heidegger contrastait avec le personnage de petite stature qui pénétrait dans la classe sous l'apparence d'un homme de la campagne ou d'un bûcheron[2]. Mais l'éclat qui brillait dans ses yeux ne trompait pas : il s'agissait bien d'un penseur. Or, si une

1. *GA* 28, p. 133.

2. Heinrich Wiegand Petzet, *Auf einen Stern zugehen. Begegnung und Gespräche mit Martin Heidegger. 1929-1976*, Francfort-sur-le-Main, Societäts-Verlag, 1983, p. 16.

partie de l'auditoire s'enthousiasmait pour le professeur, une autre partie se moquait de son habillement à la Stefan George (une veste courte et des *Kniehosen*) et de sa façon de parler nouvelle que certains tournaient en dérision. Car dans l'opinion publique, Heidegger n'était pas seulement ce « roi secret de la pensée » dont parlait Hannah Arendt. Il était aussi considéré par certains – et sa nomination à Berlin le montrera clairement – comme un « réactionnaire culturel, […] un irrationaliste théologisant, incapable d'éduquer les étudiants avec la parfaite objectivité de l'esprit scientifique »[1].

1. Selon un article paru dans les *Monistische Monatshefte* (1930/15, p. 109-111), cité par Víctor Farías, *Heidegger et le nazisme, op. cit.*, p. 86.

REGARDER LA MÉTAPHYSIQUE EN FACE

La publication de *Sein und Zeit*, les cours de Davos et la publication du *Kantbuch* ont transformé Heidegger en une personnalité connue capable d'attirer des foules à ses conférences. À peine âgé de quarante ans, Heidegger attire déjà à Fribourg des étudiants et des auditeurs qui viennent du monde entier. Ce n'est donc pas un inconnu qui s'installe dans l'*Aula magna* de l'Université de Fribourg-en-Brisgau pour lire, un 24 juillet 1929 devant l'ensemble des facultés de l'Université, une conférence intitulée *Was ist Metaphysik?* Dans cette conférence, Heidegger tente de faire valoir la spécificité de la réflexion métaphysique face à celle des sciences. Il aborde la question de l'être à partir de l'expérience du néant (*Nichts*) et présente sa métaphysique du *Dasein* comme une « *interrogation qui se porte au-delà* de l'étant afin de reprendre celui-ci, *comme tel et dans son ensemble*, dans la saisie conceptuelle »[1]. Ce texte fera beaucoup parler de lui et valut certainement à Heidegger cette réputation d'irrationalisme qui lui a collé à la peau dans certains milieux philosophiques. Husserl, qui assistait à la conférence, dut lui-même reconnaître qu'il n'avait

---

1. *GA* 9, p. 118; les italiques sont de l'édition originale (Bonn, Cohen, 1929, p. 24).

« rien à faire de toute cette profondeur heideggérienne »[1]. Le texte critique bien connu de Rudolf Carnap, *Überwindung der Metaphyisk durch logische Analyse der Sprache* de 1932, est une attaque portée contre cette conférence.

Cet été-là, Heidegger passe beaucoup de temps avec son amie Elisabeth Blochmann qui le suit de Fribourg à Todtnauberg, puis au cloître de Beuron où les deux travaillent pendant le mois de juillet. Pendant les vacances, la famille Heidegger se rend à Feldafing sur le Starnberger See près de Munich, pour rendre visite à Wilhelm Szilasi, philosophe hongrois, ami et ancien élève de Husserl. Tandis que le petit Jörg apprend à nager, Heidegger fait du voilier avec son ami, admirant le profil des Alpes qui se découpe à l'horizon et longeant les berges de ce lac où Louis II de Bavière trouva la mort. Au retour de Bavière, la famille passe par le lac de Constance et par Meßkirch.

Au cours de l'été, Heidegger reçoit une invitation de la France pour participer aux « Décades philosophiques » de Pontigny organisées par Paul Desjardins. C'est la seconde fois que Heidegger y est invité et c'est la seconde fois qu'il refuse, cette fois, parce que l'invitation est arrivée trop tard[2]. Heidegger reste à Todtnauberg jusqu'au début octobre où il prépare son volumineux cours du semestre d'hiver 1929/30 consacrés aux problèmes fondamentaux de la métaphysique.

---

1. Lettre à Alexander Pfänder du 6 janvier 1931.

2. La décade de 1928 avait traité du thème « Le temps et l'homme : la reprise sur le temps » avec, entre autres, Alexandre Koyré, Raymond Aron, Dominique Parodi, Léon Brunschvicg et Vladimir Jankélévitch. En 1929, la décade avait porté sur la nouvelle physique, avec notamment Paul Langevin, Léon Brunschvicg, Gaston Bachelard et René Poirier. À ce sujet, on consultera l'ouvrage de François Chaubet, *Paul Desjardins et les décades de Pontigny*, Villeneuve d'Ascq, Presses Universitaires du Septentrion, 2000.

Après que les enfants et Elfride soient rentrés à Fribourg pour
la rentrée des classes, Heidegger reçoit la visite dans sa *Hütte*
de son ami le platonicien Julius Stenzel. Ils font de longues
marches en montagne sur le Stübenwasen vers le Feldberg et
ont de longues discussions où la musique et Platon occupent
une place de choix. Dans ces «dialogues platoniciens»,
Heidegger sent que le soleil et la caverne de Platon perdent
leur côté mythologique et acquièrent une réalité philosophique. À la lecture des cours et conférences de cette époque
– et celle de janvier 1929 en témoigne encore – il devient
clair que pour Heidegger, les mythes philosophiques de Platon
doivent être pris au sérieux. Les parallèles qu'il dresse entre le
Dasein et l'âme, mais aussi les différentes lectures qu'il fait de
l'allégorie de la caverne en sont des exemples frappants.

Début octobre, Heidegger se rend à Cologne pour
travailler une première fois avec Maria Scheler et Adhémar
Gelb, professeur à Halle (Saale), à l'inventaire du *Nachlaß* de
Max Scheler dont le premier tome des *Schriften aus dem
Nachlass* paraîtra en 1933[1]. En classant les papiers du philosophe, Heidegger a sans doute eu la possibilité de consulter
les textes le concernant directement, comme le cinquième
chapitre du texte *Idealismus – Realismus* sur lequel Scheler
travaillait à sa mort et qui portait spécifiquement sur *Sein und
Zeit*[2]. Peut-être Heidegger a-t-il aussi pu feuilleter l'exemplaire
très annoté de son ouvrage. Comme nous l'avons indiqué,
Heidegger et Scheler coïncidaient philosophiquement sur bien

---

1. *Zur Ethik und Erkenntnislehre*, Berlin, Der neue Geist Verlag, 1933.

2. En plus du texte *Zu Idealismus – Realismus*, le volume des *Späte Schriften*
de Max Scheler (*Gesammelte Werke*, Bd. 9) contient aussi les documents *Aus
kleineren Manuskripte zu Sein und Zeit* et les *Rand- und Textbemerkungen in
Sein und Zeit*.

des points et ces textes témoignent d'une grande admiration de
Scheler pour l'œuvre de Heidegger[1]. Alors que Heidegger
travaille à classer les papiers de Scheler, le 3 octobre 1929, le
chancelier Gustav Stresemann meurt à Berlin, annonçant la fin
de l'âge d'or de la République de Weimar, mais aussi la fin de
la nouvelle entente franco-allemande.

Au retour de Cologne, Heidegger passe par Francfort-
sur-le-Main où il a un programme de visite très chargé. Il est
installé chez son ami Riezler avec qui il s'est intimement lié à
Davos. Dans un cercle très restreint, Heidegger donne à nouveau
sa conférence *Was ist Metaphysik?* Le théologien Paul Tillich
assiste à la conférence mais ne parvient pas, selon ce qu'écrit
Heidegger à Bultmann, à comprendre le problème en question.
Ce n'est pas un philosophe, écrira Heidegger, mais simplement un théologien. Avant de rentrer à Fribourg, Heidegger
passe voir son ami Karl Jaspers à Heidelberg.

Le 24 octobre 1929, le jour même où la bourse s'effondre à
New York et où l'économie mondiale entre dans une crise sans
précédent, le semestre d'hiver commence. La conférence *Was
ist Metaphysik?* semble avoir libéré Heidegger qui ne se
contente plus désormais de parler d'*histoire* de la métaphysique ou même de l'*essence* de la métaphysique, mais se
lance dans des interrogations et des méditations résolument
métaphysiques. Le cours *Die Grundprobleme der Metaphysik*,
dans lequel le questionnement métaphysique est déployé à

---

1. « J'attends beaucoup de la suite de l'ouvrage de Heidegger. Son livre
"*Sein und Zeit*" est l'ouvrage le plus original et le plus *indépendant* de toute
tradition banalement philosophique. Il s'agit de l'ouvrage le plus libre que l'on
trouve dans la "philosophie allemande contemporaine" – une approche
(*Angreifen*) radicale et pourtant rigoureusement scientifique des *problèmes les
plus élevés de la philosophie* » (Max Scheler, *Späte Schriften*, *op. cit.*, p. 304).

partir de l'expérience de l'ennui, en est un bon exemple. Heidegger aborde ce cours comme un *nouveau départ*, comme une nouvelle étape dans un cheminement qui l'éloigne de plus en plus de l'ontologie fondamentale. Parallèlement à ce cours, il donne aussi des exercices sur Descartes et Leibniz au sujet des concepts de certitude et de vérité. Comme il l'écrit à son amie Blochmann, il est alors « revigoré »[1]. Alors que le monde universitaire attend patiemment la publication de la deuxième moitié de *Sein und Zeit*, Heidegger explore de son côté de nouveaux chemins et développe une nouvelle façon de poser la question de l'être qui l'éloigne progressivement de la voie phénoménologico-transcendantale empruntée par l'ontologie fondamentale.

C'est avec beaucoup d'enthousiasme que Heidegger décrit cette expérience à son ami Stenzel : « Ma première vraie leçon de métaphysique ! Mais combien de préparation et de force cachée cela exige d'être vraiment *direct* et de se comporter socratiquement. Gardons bien droit la rame et tenons bon face au vent ! »[2]. Bien que le cours s'ouvre sur une discussion historique portant sur le concept de métaphysique, le reste du cours constitue une réflexion métaphysique parfaitement autonome de toute tradition, une nouvelle façon de faire de la métaphysique. Cela ne va certes pas sans difficultés, mais le travail prend définitivement une « tournure plus libre »[3]. Dans le ton de la conférence de juillet 1929, le cours éveille tout d'abord une tonalité fondamentale (l'ennui) qui permette aux auditeurs (dont Eugen Fink à qui le manuscrit sera dédié) de pénétrer eux-mêmes la problématique métaphysique.

1. Lettre à Blochmann du 12 septembre 1929.
2. Lettre à Stenzel du 23 novembre 1929.
3. Lettre à Blochmann du 18 décembre 1929.

Avant le congé de Noël, Heidegger part quelques jours à Karlsruhe et à Heidelberg. À Karlsruhe le 4 décembre, il donne une conférence inédite intitulée *Die heutige Problemlage der Philosophie*. La conférence fait fort probablement référence à ce que le cours du semestre d'été 1929 appelait « *die philosophische Problemlage der Gegenwart* » et qui concerne les deux tendances de la philosophie actuelle dont nous avons déjà parlé (l'anthropologie philosophique et la métaphysique). En mars 1930, Heidegger évoque cette conférence en affirmant que « questionner de manière vivante en nous avançant dans de l'inconnu inquestionné […] c'est exister en proie à une détresse ancrée effectivement dans le *Dasein* » [1].

Le lendemain à Heidelberg où il est invité par la Deutsche Fachschaft de l'Université, Heidegger donne à nouveau sa conférence *Was ist Metaphysik ?* et fait une grosse impression sur son hôte et ami Jaspers. Le soir après la conférence, Jaspers laisse une note dans la chambre de Heidegger et lui confie qu'il n'avait rien entendu de tel depuis des temps immémoriaux. Jaspers, comme bien d'autres, a dû encourager Heidegger à publier cette conférence qui deviendra un texte emblématique de toute son œuvre. Celui-ci ne peut cependant s'y résoudre car il a le sentiment qu'elle lui a été dictée par la situation et le moment auxquels elle correspondait. Ce texte s'adresse en effet aux facultés scientifiques universitaires et pas nécessairement à un grand public. Elle souhaite définir la place de l'interrogation métaphysique par rapport aux autres façons d'interroger l'étant et ainsi en justifier la spécificité dans le contexte universitaire. Le texte sera finalement publié avant Noël chez Cohen à Bonn.

---

1. *Hegel und das Problem der Metaphysik*, *op. cit.*, p. 58 ; trad. p. 59.

Pendant les vacances de Noël, Heidegger se trouve à Todtnauberg où, entre deux descentes à ski, il travaille auprès du four dans sa *Stube*. Il fait alors part à Stenzel de son intention de donner prochainement des cours sur Platon. Cela n'arrivera cependant qu'à l'hiver 1931/32, alors qu'il consacrera un cours à la *République* et au *Théétète*. Dans cette lettre qu'il écrit le 31 décembre 1929, Heidegger s'ouvre à Stenzel sur sa relation avec Husserl et reconnaît que ce ne doit pas être commode pour son ancien maître d'avoir le professeur Heidegger à ses côtés à Fribourg. Heidegger est très critique envers les dernières publications de Husserl et soutient que son cheminement a perdu sa direction propre en se ralliant, à partir de 1905, à la façon de faire du néokantisme et en se développant *scientifiquement* comme une technique absolue[1]. À la fin de l'année 1929, Husserl ne se fait d'ailleurs pas une meilleure idée des travaux de Heidegger. Après avoir assisté à la conférence *Was ist Metaphysik?* à Fribourg et avoir consacré l'été à lire *Sein und Zeit*, *Kant und das Problem der Metaphysik* et *Vom Wesen des Grundes*, Husserl en arrive à la conclusion qu'il *ne* peut *pas* admettre le travail de Heidegger dans le cadre de sa phénoménologie et que, malheureusement, il doit aussi le rejeter dans son entièreté eu égard à sa méthode et, pour l'essentiel, à son contenu[2].

1. Dans la discussion de Davos avec Cassirer, Heidegger affirmait à cet égard : « Entre 1900 et 1910, Husserl est lui-même tombé, en un certain sens, dans les bras du néokantisme » (*GA* 3, p. 275).
2. Lettre de Husserl à Roman Ingarden du 2 décembre 1929 (Edmund Husserl, *Briefwechsel*, Bd. III, *Die Göttinger Schule*, p. 354).

Pages couvertures des premières éditions de Vom Wesen
des Grundes *(Halle a.d.S., Max Niemeyer Verlag, 1929;
photo : Hannah Arendt Library, Bard College Archiv
and Special Collections), de* Kant und das Problem der Metaphysik
*(Bonn, Friedrich Cohen, 1929; photo : Erich Chaim Kline Bookseller)
et de* Was ist Metaphysik ? *(Bonn, Friedrich Cohen, 1929).*

1930

LA DERNIÈRE REPRISE DE HEGEL

Pendant les premiers mois de l'année 1930, Heidegger prépare une conférence sur Hegel qu'il doit donner à Amsterdam au mois de mars. C'est à l'invitation de Hendrik J. Pos que Heidegger s'est rendu en Hollande pour tout d'abord répéter la conférence donnée à Karlsruhe en décembre et pour donner ensuite une conférence inédite sur Hegel devant l'*Association scientifique* d'Amsterdam.

Les grandes lignes du débat entre la métaphysique absolue hégélienne et la métaphysique du *Dasein* avaient déjà été exposées dans le cours de l'été 1929. Bien que ces deux métaphysiques partagent une base kantienne commune et insistent toutes deux sur le rôle que joue dans la pensée kantienne l'imagination transcendantale, elles ont une conception distincte de ce qu'est le problème fondamental de la métaphysique. Hegel ne reconnaît pas, soutient Heidegger, le rôle métaphysique essentiel que joue le temps et préfère s'en tenir à l'idée de la raison absolue. Ainsi, si l'imagination constitue pour Heidegger le point de départ d'où l'on puisse mettre en lumière la finitude du *Dasein*, Hegel y voit plutôt le signe de la tentative faite par Kant de réduire la raison absolue et infinie à quelque chose de fini[1]. Ainsi, l'achèvement de la métaphysique qui advient dans la pensée hégélienne ne devrait pas être tenu pour tel. Il n'est pas encore la solution au problème de la métaphysique mais bien plutôt sa mise en question originaire[2]. Or, ce qui permet de distinguer les rapports hégélien et heideggérien à la métaphysique, c'est la relation que ces deux pensées entretiennent avec l'histoire comme telle. Alors que Hegel cherche à assumer (*aufheben*) à sa façon l'héritage de la métaphysique, Heidegger tente, de son côté, de répéter (*wiederholen*) « ce chemin sur le fondement d'un développement radical de la problématique fondamentale »[3].

De façon très schématique, Heidegger posait ainsi les termes du débats qui oppose la « phénoménologie de l'esprit » à la « métaphysique du *Dasein* » :

Infinité	Finitude
Savoir absolu	Problème de l'être
Vérité – Objectivité	Vérité et existence
Éternité	Historicité
Absolu	Être-jeté[4]

C'est sur le fond de ce débat engagé qu'il faut aborder la conférence d'Amsterdam du mois de mars 1930.

1. *GA* 28, p. 262-263 et 336.
2. *Ibid.*, p. 263 et 337.
3. *Ibid.*, p. 263.
4. *Ibid.*, p. 267.

*

Située à mi-chemin entre le cours sur l'idéalisme allemand de l'été 1929 (*GA* 28) et celui sur la *Phénoménologie de l'esprit* de l'hiver 1930/31 (*GA* 32), cette conférence intitulée *Hegel und das Problem der Metaphysik* entreprend de montrer comment la métaphysique du *Dasein* peut être comprise comme une tentative de reprendre (*wiederholen*) le problème de la métaphysique à partir d'une réflexion sur Hegel. Selon ce que Heidegger défend ici, Hegel aurait « accompli » la métaphysique occidentale sans néanmoins en avoir épuisé toutes les possibilités. Ainsi, c'est en radicalisant la question directrice (qu'est-ce que l'étant comme tel et dans son ensemble ?) en la question fondamentale de la métaphysique (qu'est-ce que l'être ?) que la métaphysique peut devenir à nouveau problématique. C'est d'ailleurs dans cette conférence que Heidegger employa pour la première fois cette distinction entre une *Leitfrage* et une *Grundfrage* de la philosophie. S'il parle alors d'une *élaboration* de la première question à la seconde, les textes contemporains des *Beiträge zur Philosophie* évoqueront plus volontiers l'idée d'un « saut » de l'une à l'autre.

Dans cette conférence, Heidegger tente de montrer comment Hegel et toute la tradition métaphysique avant lui ont manqué la question fondamentale portant sur le rapport de l'être au temps pour s'en tenir à une question concernant l'étant. Si Hegel est passé à côté de cette possibilité de l'interrogation métaphysique, c'est essentiellement parce qu'il a cru devoir élever celle-ci à l'infini. Or, pour Heidegger, il appartient plutôt à la tâche de la métaphysique de s'enfoncer dans la finitude de l'existence humaine.

HEGEL ET LE PROBLÈME
DE LA MÉTAPHYSIQUE
AMSTERDAM, 22 MARS 1930

De la même façon qu'avec Kant, Heidegger souhaite débattre avec Hegel du *problème* de la métaphysique, ce qui revient à poser cette *question fondamentale* de la philosophie qui fait de la métaphysique un problème. Il ne s'agit cependant plus avec Hegel d'interroger le point de départ de la métaphysique, mais bien son accomplissement (*Vollendung*)[1].

La question fondamentale de la philosophie a été inscrite depuis son origine dans un certain cadre – la « métaphysique » – dont elle n'est jamais sortie. En abordant la pensée de Hegel, Heidegger cherche donc surtout à déterminer quelle est l'authentique question de la métaphysique, une question qui, selon lui, « est justement *restée non posée* (*ungefragt*) dans la métaphysique de Hegel comme dans toute métaphysique antérieure à lui »[2].

---

1. *Hegel und das Problem der Metaphysik*, *op. cit.*, p. 18 ; trad. p. 19.
2. *Ibid.*

I. LE CARACTÈRE FONDAMENTAL
DE LA MÉTAPHYSIQUE DE HEGEL

La première tâche à laquelle Heidegger s'attelle sera de faire voir le caractère fondamental de la métaphysique hégélienne qui se présente comme l'accomplissement de cette tradition. Heidegger définit initialement la métaphysique de Hegel comme une « logique » et affirme que c'est justement en tant que logique qu'elle accomplit la métaphysique[1]. Or, ce n'est pas Heidegger mais Hegel qui interprète ainsi sa pensée, puisqu'il a lui-même donné pour titre à son œuvre maîtresse celui de *Science de la logique* et que, dans l'introduction à cette œuvre, il a qualifié la « métaphysique au sens propre » de « science logique ». Bien entendu, les concepts de « logique » et de « science » ne doivent pas être pris dans le sens traditionnel. Afin de saisir ce nouveau concept de logique, il nous faut « *débuter* effectivement par le commencement de cette logique »[2].

En son sens traditionnel, la logique traite des « simples formes de la pensée » et exclut *l'étant*, c'est-à-dire l'objet de la pensée. Bien que Hegel soutienne dans l'introduction à son œuvre que son objet sera la pensée – « la pensée en train de concevoir » – cette logique commence néanmoins par une affirmation portant sur l'être : « L'être est l'immédiat indéterminé ». Ainsi, ce n'est pas la pensée, mais bien l'être qui

---

1. Dans la marge du texte de la conférence, Heidegger corrige son tir : c'est plutôt en tant que « théo-logique » (*Theo-Logik*) que la pensée hégélienne accomplit la métaphysique, expression que l'on retrouve dans les manuscrits du cours de l'été 1933 (*GA* 36/37, p. 69-77). Dans le texte de la conférence, Heidegger renvoie cependant au cours de l'hiver 1930/31 dans lequel l'expression n'apparaît pas comme telle.

2. *Hegel und das Problem der Metaphysik*, *op. cit.*, p. 20 ; trad. p. 21.

constitue l'objet premier de cette *Science de la logique* qui, de cette façon, s'apparente davantage à une métaphysique qu'à une logique.

Mais comment justifier que la logique se présente comme la connaissance de l'étant, de l'effectif comme tel et dans son entièreté essentielle, c'est-à-dire comme métaphysique? Heidegger propose ici une analyse du concept hégélien d'esprit pour montrer comment la logique devient, en tant que *science* de la logique, «l'absolue connaissance de soi de l'effectivité et de l'effectif»[1]. Mais ce qui importe davantage pour le projet heideggérien d'une métaphysique du *Dasein*, c'est de savoir dans quelle mesure la métaphysique de Hegel, en tant précisément que cette logique, vient accomplir la métaphysique occidentale[2]. Pour répondre à cette question, Heidegger considère qu'il faut tout d'abord mettre en lumière l'essence de la métaphysique comme telle.

La métaphysique, Heidegger la définit «dans un concept formel-indicatif» (*in einem formal-anzeigenden Begriff*) comme «la connaissance de l'étant comme tel et dans son ensemble»[3]. Mais il serait vain de chercher une formulation aussi nette dans l'histoire de la métaphysique. L'accomplissement de la métaphysique doit être compris comme la «réunion et la mise en forme en un ensemble équilibré et cohérent de toutes les tentatives et de tous les thèmes essentiels apparus au

---

1. *Hegel und das Problem der Metaphysik*, *op. cit.*, p. 30; trad. modifiée, p. 31.

2. *Ibid.*

3. *Ibid.* Notons au passage la réapparition du vocabulaire de la *formale Anzeige*, propre aux premiers cours de Fribourg. Heidegger l'avait aussi utilisé dans les dernières heures du cours de l'hiver 1929/30 (*GA* 29/30, p. 421-435), c'est-à-dire environ un mois avant cette conférence.

cours de l'histoire de la métaphysique »[1]. C'est en mettant au jour ce qui est resté inaccompli au cours de l'histoire que l'on peut saisir la métaphysique hégélienne comme un tel accomplissement. Heidegger propose de parcourir à rebours l'histoire de la métaphysique depuis Hegel jusqu'à Platon, en passant par Schelling, Fichte, Kant et Descartes.

Par le truchement de la philosophie du je absolu de Fichte et de la philosophie de la nature de Schelling, Hegel en est venu à comprendre la métaphysique comme une « théologie spéculative », c'est-à-dire comme une logique de « l'effectif le plus haut et le premier, l'étant suprême, *ens realissimum* »[2]. Hegel reprend ainsi la conception chrétienne de l'étant qui le divise en *ens creatum et increatum*. Mais via Kant, Hegel est aussi déterminé par l'*événement* (*Ereignis*) de la philosophie moderne qui fait du sujet, de la *res cogitans*, le centre du questionnement philosophique. Depuis Descartes, le sujet est saisi comme cet étant dont l'être – le *cogito me cogitare*, « je pense que je pense »[3] – est, *more geometrico*, absolument certain. Dans la figure de la vérité absolue, Hegel porterait ainsi à son accomplissement la certitude cartésienne.

Dans la mesure où cette science absolue hégélienne reconnaît l'effectivité de ce qui est effectivement, elle réalise aussi la tâche de la philosophie première aristotélicienne qui cherchait à déterminer l'ὂν ᾗ ὄν, ce que l'étant est en tant

---

1. *Hegel und das Problem der Metaphysik, op. cit.*, p. 30; trad. p. 31. Quant à l'interprétation de l'accomplissement hégélien de la métaphysique occidentale, voir aussi *GA* 28, p. 338 *sq.*; *GA* 31, p. 16 *sq.* et *GA* 36/37, p. 69 *sq.*

2. *Hegel und das Problem der Metaphysik, op. cit.*, p. 32; trad. p. 33.

3. Sur cette formule propre de l'interprétation heideggérienne de Descartes, voir Jean-Luc Marion, *Questions cartésiennes. Méthode et métaphysique*, Paris, PUF, 1991, p. 153 *sq.*

qu'étant, c'est-à-dire son être [1]. Mais l'accomplissement de la métaphysique dans une logique trouve sa source dans l'orientation initiale grecque sur le jugement (λόγος) qui énonce l'être de l'étant. La *question directrice propre à la métaphysique* se formule donc ainsi : τί τὸ ὄν; *qu'est-ce que l'étant (pris comme étant)?* C'est à cette question que la science de l'absolu hégélienne apporte la réponse absolue.

Mais Heidegger pose alors une question d'importance pour son propre projet : « Si la métaphysique hégélienne représente donc bien l'accomplissement de la métaphysique occidentale, comment se peut-il que nous voulions alors encore parler d'un problème de la métaphysique? » [2]. La tâche actuelle de la métaphysique ne doit-elle pas simplement être celle de la reconnaissance de cet accomplissement, pour ensuite procéder à une récupération (*Übernahme*) de cette métaphysique, à sa rénovation (*Erneuerung*) et à sa transmission (*Überlieferung*) à l'époque suivante [3]? Mais dans la mesure où ce qui s'accom-

---

1. Cette tâche, écrit Heidegger, « allait de pair pour Aristote – pour des raisons qui sont à vrai dire loin d'être claires pour nous – avec la question de l'ὄν καθόλου, de l'étant dans son ensemble, question qu'il saisissait comme celle de la θεολογικὴ ἐπιστήμη » (*Hegel und das Problem der Metaphysik*, *op. cit.*, p. 34; trad. modifiée, p. 35). Ce problème de la coappartenance des versants ontologique et théologique de la métaphysique se situe à la source du projet heideggérien d'une métaphysique du *Dasein*, tout comme de la saisie de la métaphysique comme onto-théologie. C'est d'ailleurs à partir de ce problème non dominé par Aristote (voir *Die Grundbegriffe der antiken Philosophie*, *GA* 22, p. 180) que Heidegger décide de reprendre (*wiederholen*) le questionnement métaphysique. À ce sujet, nous renvoyons à nouveau à notre ouvrage *La métaphysique du Dasein*, *op. cit.*, p. 105-113 et 131-149.

2. *Hegel und das Problem der Metaphysik*, *op. cit.*, p. 34; trad. p. 37.

3. La récupération, la rénovation et la transmission constituent aux yeux de Heidegger le propre de tous les néokantismes, néohégélianismes ou néothomismes. Voir déjà en 1920, *Phänomenologie der Anschauung und des*

plit chez Hegel n'est pas en soi originaire, on ne peut tirer de telles conclusions. Dans la métaphysique hégélienne, la question *directrice* de la métaphysique apparaît bel et bien, mais sa question *fondamentale* ne s'y trouve pas.

II. L'ABSENCE DE LA QUESTION FONDAMENTALE
DANS LA MÉTAPHYSIQUE HÉGÉLIENNE

La question « qu'est-ce que l'étant ? » (τί τὸ ὄν) est la question qui se situe à l'origine du questionnement métaphysique et qui nous est transmise par toute la tradition métaphysique. Mais, soutient Heidegger, elle *n'est pas* la question *fondamentale* de la métaphysique. Ladite question n'est que la question *directrice* de la métaphysique, une question qui nous indique néanmoins la voie menant à une saisie plus originaire d'elle-même.

La question directrice porte sur l'étant, mais ne concerne pas l'étant en particulier (la plante, l'animal, l'homme, Dieu, etc.). Elle vise bien plutôt l'étant *comme* étant, c'est-à-dire l'*être* de l'étant. Cette question directrice a reçu à son point de départ une réponse qui est devenue décisive pour l'ensemble des réponses qui suivront : l'être de l'étant, tout comme l'étant proprement dit, est οὐσία, c'est-à-dire « la *présence constante* de quelque chose sur la base de quoi surviennent toute apparition et toute disparition inconstantes » [1]. À partir de cette première réponse, soutient Heidegger, la question directrice elle-même ne portera dès lors plus sur l'οὐσία et la question

---

Ausdrucks. Theorie der philosophischen Begriffsbildung, *GA* 59, p. 5 et, plus proche de ce texte, *GA* 26, p. 197.

1. *Hegel und das Problem der Metaphysik*, *op. cit.*, p. 38 ; trad. modifiée, p. 39.

de savoir pourquoi dire «être» revient à dire «présence constante» ne sera plus jamais posée. Pourtant, cette réponse cache en elle une certaine perspective, dans la mesure où la présence constante fait directement référence au *temps*. Mais *« cette compréhension de l'être à partir du temps s'effectue dans l'Antiquité de manière pour ainsi dire spontanée*, comme quelque chose qui *va de soi»*[1]. Cette référence au temps deviendra tellement évidente qu'elle finira même par être complètement masquée.

Mais ne peut-on pas interroger la légitimité d'une telle orientation sur le temps? Et sait-on de façon suffisamment précise ce qu'est le temps pour pouvoir ainsi questionner le rapport entre être *et* temps? C'est justement cette mise en question du lien étroit entre être *et* temps qui constitue la *question fondamentale* de la métaphysique, «fondement inconnu sur lequel s'est établie et s'est propagée la question directrice traditionnelle de la métaphysique »[2]. En interrogeant ainsi plus radicalement et plus originairement la question portant sur l'étant, c'est-à-dire en procédant à une destruction (*Destruktion*) de la question directrice, on atteint la question fondamentale portant sur l'être et le temps[3]. Mais si l'être s'entend – «peut-être nécessairement» – à partir du temps et si le temps n'est pas une chose sous-la-main ou un objet, mais sévit (*treibt*) bien plutôt dans l'âme de l'homme ou au cœur du sujet, alors la question *fondamentale* de la méta-

1. *Hegel und das Problem der Metaphysik, op. cit.*, p. 40; trad. modifiée, p. 41.
2. *Ibid.*
3. *Ibid.*, p. 40, Anm. w; trad., p. 41, note w. L'expression «*Destruktion*» n'apparaît alors plus que très rarement sous la plume de Heidegger (*GA* 29/30, p. 495 et *GA* 31, p. 168 et 292). Les références ultérieures à ce concept seront toutes rétrospectives et chercheront à évoquer, sans toutefois porter sur lui un jugement négatif, un concept de « l'époque » de *Sein und Zeit*.

physique – soit le problème d'être et temps (*das Sein-und-Zeit-Problem*) – devient une question portant sur l'homme. C'est d'ailleurs sur cette tâche « d'interroger l'essence de l'homme dans la perspective de la question fondamentale de la philosophie » qu'a porté la première conférence analysée plus haut.

Mais même si la philosophie s'est toujours interrogée sur l'homme et sur le temps – ce sera d'autre part le thème de la conférence suivante qui porte sur les *Confessions* d'Augustin – la question fondamentale reste comme telle introuvable dans toute la tradition et même chez Hegel. Pourquoi en est-il ainsi ? Pourquoi la métaphysique commence-t-elle avec la question directrice plutôt qu'avec la question fondamentale ? Tout cela ne peut être mis en question, affirme Heidegger, que par la reprise (*Wiederholung*) du questionnement métaphysique[1].

Mais peut-on réellement soutenir que *toute* l'histoire de la métaphysique demeure déterminée par son commencement grec ? Certes, avec les *Meditationes de prima philosophia* de Descartes, la métaphysique s'est dotée de motifs nouveaux, mais cela s'est fait sans que la question directrice ne soit radicalisée. Heidegger soutient même que ces motifs nouveaux

---

1. Pour ce qui est du thème de la reprise, nous renvoyons aux travaux de Robert Bernasconi (« Repetition and Tradition : Heidegger's Destructuring of the Distinction Between Essence and Existence in the *Basic Problems of Phenomenology* », dans Theodore Kisiel and John van Buren (éds.), *Reading Heidegger From the Start. Essays in His Earliest Thought*, New York, SUNY, 1994) et de John D. Caputo (« Hermeneutics as the Recovery of Man », *Man and World*, 1982/15), ainsi qu'à la première section de notre étude « Heidegger's Kantian Reading of Aristotle's *theologike eptisteme* », *The Review of Metaphysics*, 2009-2010/3, p. 567-591.

« *détournent* de la possibilité de la poser ! » [1]. La tentative de fonder à nouveau la métaphysique a beau amener la *res cogitans* au centre de la problématique, elle se maintient néanmoins tout à fait sur sa position de départ, c'est-à-dire sur l'équivalence entre être et substance. Descartes n'est aucunement guidé par la question de l'essence de l'être et du temps, mais bien par « le souci de parvenir à un fondement absolument certain du savoir et donc de la connaissance philosophique – *fundamentum inconcussum et absolutum* » [2]. Un primat est accordé à la conscience sans que l'être spécifique de cet étant ne soit mis en question. Ainsi, l'interrogation moderne portant sur l'homme se détourne des exigences de la question fondamentale en posant d'une façon nouvelle la question directrice.

Comme dans son *Kantbuch*, Heidegger affirme ici que seul Kant est passé à proximité de la question fondamentale en faisant porter son interrogation sur la possibilité de la métaphysique, c'est-à-dire sur la possibilité de poser la question directrice et d'y répondre. Mais Kant n'a fait que quelques pas en direction de la question fondamentale sans réussir à l'atteindre. L'idéalisme allemand est justement là pour montrer que celle-ci lui est demeurée dissimulée. Hegel doit donc être considéré comme l'accomplissement de la métaphysique, c'est-à-dire comme l'accomplissement des points de départ antiques et des motifs modernes de la métaphysique, *justement* parce que la question fondamentale ne se trouve pas dans son œuvre. Ainsi, Heidegger doit montrer que Hegel

1. *Hegel und das Problem der Metaphysik*, *op. cit.*, p. 44, Anm. y ; trad., p. 45, note y.
2. *Ibid.*, p. 44 ; trad. modifiée, p. 45.

comprend l'être comme présence constante et que l'être n'est pas interrogé par Hegel en direction du temps.

Au commencement de la *Science de la logique*, l'être se présente comme l'immédiateté indéterminée, c'est-à-dire comme la « pure présence, la présence indépendante de toute détermination, ce qui reste constant dans le vide du même au même »[1]. Or, si Hegel conserve le sens atemporel du concept antique de substance, il finira cependant par reconnaître l'essence de la substance dans la subjectivité. Si la subjectivité fait référence directe au temporel, Hegel aurait donc reconnu l'importance de la temporalité (*Zeitlichkeit*) de l'être. Mais justement, la subjectivité pour Hegel n'est pas la subjectivité finie et humaine, mais bien la subjectivité absolue, l'esprit absolu qu'il ne conçoit pas comme quelque chose de temporel, mais bien comme la « puissance du temps » : « Il n'y a par conséquent que le naturel qui soit assujetti au temps, dans la mesure où il est fini ; le vrai, par contre, l'idée, l'esprit est *éternel* »[2]. Hegel approfondit mais maintient néanmoins la conception antique de l'être comme présence constante. Ainsi, la question fondamentale de la métaphysique *ne peut pas être posée* par Hegel.

Pourtant, Hegel semble bien donner une *réponse* au problème de l'être et du temps lorsqu'il affirme que l'être est *éternité*. Hegel définit cependant l'éternité comme le « présent absolu » sans tenter de la déterminer ontologiquement[3]. Il ne s'agit cependant pas ici pour Heidegger d'imputer à Hegel une

---

1. *Hegel und das Problem der Metaphysik, op. cit.*, p. 46 ; trad. p. 49.

2. G.W.F. Hegel, *Enzyklopädie der philosophischen Wissenschaften im Grundrisse* (Heidelberg, Osswald, 1830³), fin du § 258.

3. Au sujet du concept hégélien d'éternité, voir *GA* 28, p. 211-214 et 340-343.

quelconque négligence. Néanmoins, du moment que la question directrice est posée s'ouvre la *possibilité* de la question fondamentale et on peut donc parler d'un certain *manque* dans la pensée hégélienne. Or, l'absence de cette question n'est pas seulement un manque chez Hegel, mais plutôt « le destin de la métaphysique occidentale conformément à son point de départ et aux motifs essentiels de son déploiement »[1]. Heidegger conclue donc que, contrairement à ce qu'il a tout d'abord soutenu dans l'introduction, la métaphysique ne s'est accomplie que partiellement chez Hegel. Mais l'élaboration de la question fondamentale ne doit pas être comprise comme un complément à cette métaphysique déjà accomplie. Au contraire, la nécessité de ce questionnement fondamental va transformer la situation dans laquelle la métaphysique et son histoire se retrouvent.

III. POSER POUR DE BON LA QUESTION FONDAMENTALE DE TOUTE PHILOSOPHIE

Il ne s'agit donc pas pour la métaphysique de continuer sur la lancée hégélienne, mais bien de poser pour de bon la question fondamentale. Et cela se fait grâce à la *reprise* (*Wiederholung*) de la question directrice traditionnelle qui permet à la problématique annoncée par le titre « Être et temps » de venir au jour. « Poser pour de bon la question fondamentale de la métaphysique (questionnement sur l'essence et le fondement essentiel de l'être), c'est prendre pour position de départ et mettre en branle ni plus ni moins que

1. *Hegel und das Problem der Metaphysik, op. cit.*, p. 52; trad. modifiée, p. 53.

l'interprétation du *Dasein* de l'homme comme temporalité en prenant la question de l'être pour fil conducteur »[1]. L'élaboration de cette question fondamentale de la métaphysique prendra donc la forme d'une « métaphysique du *Dasein* en l'*homme* »[2], une métaphysique du *sujet* fini.

Mais diriger le questionnement sur la finitude humaine doit se faire en évitant le point de vue *moderne* qui cherche l'essence de l'homme dans la conscience et la conscience de soi, ce qui ferait plonger la pensée dans ce que Hegel appelait la « philosophie de la réflexion ». La métaphysique du *Dasein* cherche l'essence de l'être dans la temporalité du *Dasein*, plus précisément dans cette compréhension de l'être qui appartient de façon essentielle à la finitude du *Dasein*. Pour Heidegger, il ne saurait y avoir être de l'étant et compréhension de l'être là où se tient l'absolu. La finitude du *Dasein* est la condition de possibilité de l'être de l'étant. La finitude de l'homme constitue le sol et l'espace de toute philosophie. « Mais il s'ensuit que, comme instauration du fondement de la métaphysique en général, la métaphysique du *Dasein* se tient dans *l'antagonisme le plus vif avec Hegel* et avec l'idéalisme, moderne et absolu, de l'infinité »[3].

L'opposition à Hegel ne se veut aucunement un reproche fait à cette philosophie, ni même une tentative d'indiquer une question que Hegel aurait *dû* poser. La question fondamentale est une question « à laquelle Hegel doit pousser lui-même pour autant qu'il nous est présent »[4]. Il s'agit, dans cette discussion,

1. *Hegel und das Problem der Metaphysik*, *op. cit.*, p. 52-54 ; trad. modifiée, p. 55.

2. *Ibid.*, p. 54, Anm. c ; trad. p. 55, note c.

3. *Ibid.*, p. 56 ; trad. modifiée, p. 57.

4. *Ibid.*, p. 56 ; trad. p. 57.

d'aider la *tendance fondamentale* de la philosophie de Hegel et de l'ensemble de la tradition métaphysique à parvenir à sa formulation. Le seul « débat » qui puisse réellement exister avec Hegel se formule ainsi : « ce qui est à présent en question est de savoir si, pour atteindre le sol et l'espace de la philosophie, l'homme philosophant doit s'abandonner et abandonner sa finitude pour devenir esprit absolu ou si, dès qu'elle est expressément posée, la question fondamentale de la métaphysique (être et temps) n'amène pas justement à comprendre que, par nature, la philosophie n'est pas appelée à s'élever à l'infini (*Aufstieg zur Unendlichkeit*) pour se trouver à égalité avec l'absolu mais qu'elle a, au contraire, à entrer radicalement dans la finitude du *Dasein* (*Einstieg in die Endlichkeit des Daseins*) et sa véritable fin de mortel »[1]. L'alternative est présentée ici de façon tranchée : « *Phénoménologie de l'esprit ou métaphysique du Dasein* »[2].

Ainsi, la reprise de la question directrice de la métaphysique ne cherche aucunement à rapetisser Hegel et la métaphysique de l'idéalisme allemand. Bien au contraire, poursuit Heidegger, cette métaphysique *s'élève à des possibilités neuves*, puisque la reprise concerne toujours une *transformation* (*Verwandlung*). La vraie reprise d'une question philosophique transforme la philosophie de fond en comble. C'est une telle transformation que requiert la « détresse ancrée effectivement au cœur du *Dasein* »[3] qui aborde présentement un nouvel *âge du monde*. Si nous parvenons à sauter dans ce que ce séisme exige de nous, alors « nous nous mettrons au service de la tâche mystérieuse que Hegel a précisément

1. *Hegel und das Problem der Metaphysik, op. cit.*, p. 56 ; trad. p. 57.
2. *Ibid.*, p. 56 ; trad. p. 59.
3. *Ibid.*, p. 58 ; trad. p. 59.

conçue dans toute sa grandeur – la tâche de restituer à un peuple sa métaphysique perdue »[1]. Mais la métaphysique n'est pas récupérée du seul fait que l'on écrive un système de philosophie. Une telle tâche exige bien plutôt le « mûrissement philosophique au cœur du *Da-sein* »[2].

1. *Hegel und das Problem der Metaphysik*, *op. cit.*, p. 58 ; trad. p. 61.
2. *Ibid.*, p. 60 ; trad. p. 61.

NOMINATION À BERLIN

Au retour d'Amsterdam, le 23 mars, Heidegger accuse réception de la proposition faite par le Ministre de la science, de l'art et de l'éducation du peuple, Adolf Grimme, d'occuper la chaire de philosophie de l'Université de Berlin, laissée vacante depuis la mort d'Ernst Troeltsch en 1923. Il ne s'agit pas d'une chaire quelconque mais bien du poste de professeur le plus en vue d'Allemagne et la nouvelle paraît immédiatement dans les journaux. Heidegger voit ainsi la qualité de son travail reconnue au plus haut niveau, en étant consacré comme l'un des philosophes allemands les plus importants de son temps.

Mais pour que Heidegger soit considéré pour ce poste, il aura fallu tout d'abord que le Ministre Carl Heinrich Becker soit remplacé par Adolf Grimme. Le candidat que le Ministre Becker voyait en poste à Berlin n'était en effet pas Heidegger mais bien Nicolai Hartmann, qui enseignait alors à Cologne. Une commission avait été formée par le Ministre, mais la liste proposée ne mentionnait Hartmann qu'en quatrième place, derrière Ernst Cassirer (qui venait d'être nommé recteur de

l'Université de Hambourg), Paul Tillich et Georg Misch[1]. Le
nom de Heidegger avait été évoqué, mais ne faisait pas partie
de la liste officielle. Au sein de la commission, on soutenait
que Heidegger traversait alors une « crise » – ce qui est sans
doute vrai – et qu'il ne parvenait pas à terminer la rédaction
de son *opus magnum*. Le *Kantbuch* est un livre important,
soutenait-on, mais ce n'est pas encore la conclusion à *Sein
und Zeit*. La commission considérait que la nomination de
Heidegger à Berlin ne ferait probablement qu'empirer les
choses, car c'est de tranquillité dont il avait besoin pour
éclaircir ses problèmes. La popularité de Heidegger fut elle
aussi considérée comme suspecte. Sur le rapport de la commission, il est même écrit que « parmi les nombreux étudiants qui
font foule autour de lui, il n'en est guère qui le comprennent
réellement »[2].

Mais le remplacement de Becker par Adolf Grimme, un
ami et ancien élève de Husserl, va changer la donne. À
l'encontre des recommandations de la commission, celui-ci
nommera Heidegger comme successeur d'Ernst Troeltsch à
Berlin. Dans plusieurs milieux, la décision s'avère cependant
impopulaire. La réaction est telle que, selon Víctor Farías,
ce pourrait être la raison principale ayant incité Heidegger à
refuser le poste[3].

Jaspers, qui caressait l'espoir d'obtenir la chaire de Berlin,
encourage Heidegger à accepter le poste. En se rendant à
Berlin pour les négociations, Heidegger s'arrêtera une journée
à Heidelberg pour préparer, avec Jaspers, la rencontre qu'il

1. Pour les détails, nous renvoyons à Víctor Farías, *Heidegger et le
nazisme*, *op. cit.*, p. 83.
2. *Ibid.*
3. *Ibid.*, p. 85.

aura avec le Ministre Grimme. De son séjour à Berlin au début du mois d'avril, Heidegger reviendra très impressionné. D'un côté, les politiciens qu'il a rencontrés lui ont fait une très forte impression et le respect que ceux-ci affichent pour la philosophie l'a étonné. Mais de l'autre, la ville de Berlin lui est très désagréable. L'université est immense et ne correspond aucunement à l'idée que Heidegger se fait du travail philosophique. Comme l'écrit alors ce paysan de la Forêt Noire à son ami Julius Stenzel, la grande ville asphaltée constitue rien de moins que la « non-essence de toute philosophie ». Lors de son séjour à Berlin, Heidegger revoit son amie Blochmann qui vient le chercher à la gare. « Lisi » amène Heidegger au Wannsee et à Postdam. Le soir, il goûtera même aux plaisirs fins de la grande ville en allant au théâtre.

Le 10 mai 1930, Heidegger fait part au Ministre Grimme de son refus. La cause n'en est aucunement le déroulement des négociations qui, selon Heidegger, se sont passées comme il le souhaitait. L'Université de Berlin a cédé à toutes ses exigences – surtout au sujet du nombre d'heures d'enseignement – mais Heidegger refuse malgré tout de s'installer dans la capitale de la république de Weimar. Le 17 mai, Heidegger réitère son refus dans une deuxième lettre au Ministre Grimme. Mais celui-ci cherche encore à convaincre Heidegger et lui envoie à Fribourg son directeur ministériel, le Dr. Richter pour discuter à nouveau avec le philosophe.

Les raisons que Heidegger donne alors coïncident avec le premier jugement de la commission : il n'est qu'au début de son travail et n'est pas suffisamment armé pour remplir la tâche que représente la chaire de Berlin[1]. Son travail a besoin

---

1. « Entscheidung gegen Berlin », *GA* 16, p. 61.

de tranquillité car il se trouve en ce moment à un stade où l'attention « médiatique » ne pourrait que lui nuire[1]. Le calme dont il jouit à Fribourg lui est nécessaire, écrit-il le 10 mai à Blochmann, pour se consacrer « durant les prochaines années à un travail dense et bien ramassé susceptible de se rendre à nouveau libre vis-à-vis soi-même et de donner à l'œuvre sa configuration ». Heidegger ne parle bien entendu pas encore de l'épisode politique qui viendra, mais bien de ce qui est en train de prendre forme dans sa pensée et qui débouchera sur le nouveau commencement des *Beiträge zur Philosophie*.

Ce n'est pas Cassirer mais bien Hartmann qui sera finalement nommé en janvier 1931 comme successeur d'Ernst Troeltsch.

---

1. « Der Sache treu bleiben », *GA* 16, p. 64.

SÉJOUR AUTOMNAL
AU CLOÎTRE DE BEURON

Alors que la nomination pour la chaire de Berlin défraie les manchettes, Heidegger profite du semestre d'été 1930 pour s'attaquer à la *Critique de la raison pratique* et à la *Critique de la faculté de juger*. Si l'on s'en tient aux occurrences du syntagme « métaphysique du *Dasein* », c'est le cours sur la liberté humaine de l'été 1930 qui doit être considéré comme la conclusion dudit projet[1]. Mais il deviendra évident dans la suite de cette étude que l'abandon de l'expression n'est pas anodin et correspond en fait à un tournant important dans l'œuvre de Heidegger. Car l'élaboration d'une réflexion sur la liberté humaine qui occupe alors Heidegger ne constitue pas seulement l'incursion de Heidegger dans une thématique peu abordée dans *Sein und Zeit*, mais surtout le déploiement d'une nouvelle façon de concevoir l'essence de la philosophie. Le concept *métaphysique* de liberté était tout d'abord apparu dans l'essai sur le fondement de 1929 avec la notion de « liberté eu égard au fondement » (*Freiheit zum Grunde*), mais il gagnera en importance dans le cours de l'été 1930 et dans la conférence sur l'essence de la vérité qui fut donnée pour la première fois au mois de juillet 1930. C'est, comme nous l'avons soutenu

1. Les dernières mentions du concept apparaît en effet en *GA* 31, p. 157 et 206.

ailleurs, ce concept qui permettra à Heidegger d'*accomplir* son projet de la métaphysique du *Dasein*, accomplissement qui rend possible le nouveau commencement.

Au mois de juin, Heidegger renoue avec le cercle de Husserl et participe à un « thé philosophique » chez le père de la phénoménologie. De nombreux invités sont là dont Oskar Becker, Fritz Kaufmann, Wilhelm Szilasi, Leo Schestow, Ralph B. Perry et Hendrik J. Pos. Malgré les récents succès de Husserl dont il a été question plus tôt, la déception que cause l'abandon de *sa* phénoménologie par ses meilleurs disciples se lit encore sur son visage [1].

Au mois de juillet, Heidegger participe au « Jour de la patrie badoise » à Karlsruhe où il donne pour la première fois sa conférence *Vom Wesen der Wahrheit* [2]. Pour l'occasion, le peintre August Rumm fait le portrait de Heidegger [3]. La conférence est très attendue car la nomination de Heidegger à Berlin a fait couler beaucoup d'encre et on s'attend à ce qu'il évoque le sujet. Selon ce qu'écrivit Heinrich Berl qui assista à la conférence, Heidegger aurait répondu à la question que tout le monde se faisait en concluant sa conférence par une évocation du rapport au sol (*die Bodenständigkeit*) de sa patrie badoise sur lequel « la vérité et la réalité s'unissent » [4].

1. C'est ce que rapporte Ralph B. Perry, *Husserl-Chronik, op. cit.*, p. 364.

2. Il en fut question dans le *Karlsruhe Tagblatt* (16 juillet 1930) et dans la *Karlsruhe Zeitung* (16 juillet 1930).

3. La lithographie a été publiée dans un volume d'August Rumm, préfacé par Heinrich Berl, *Das Gesicht der Zeit. 10 Lithographien* (Karlsruhe, Kairos Verlag, 1932) qui contenait, entre autres, les portraits de Heinrich Rickert, de Friedrich Gundolf, de Leopold Ziegler, de Jakob Wassermann, de Martin Buber et de Charles Baudoin.

4. Heinrich Berl, *Gespräche mit berühmten Zeitgenossen*, Baden-Baden, Bühler, 1946. Comme le souligne Víctor Farías dans son livre, la référence à la *Bodenständigkeit* est aussi mentionnée par le *Karlsruher Tageblatt* du 16 juillet 1930 (*Heidegger et le nazisme, op. cit.*, p. 82). La référence a disparu de la

*Portrait réalisé par August Rumm en juillet 1930
et paru dans* Das Gesicht der Zeit. 10 Lithographien
(Karlsruhe, Kairos Verlag, 1932).

conférence qui fut donnée à Brême en octobre et de celle qui fut donnée à
Marbourg en décembre. Devant les étudiants de Bultmann à Marbourg, c'est
alors une référence à la foi et à son rapport à la vérité qui sera ajoutée. À ce sujet,
voir Theodore Kisiel, *The Genesis of Heidegger's Being and Time*, Berkeley-
Los Angeles, University of California Press, 1993, p. 562.

Pendant les vacances d'été au début du mois d'août, Heidegger, Elfride et deux collègues de l'université se rendent à Ulm en train et entreprennent à partir de là une descente du Danube en kayak jusqu'à Straubing, un périple de quatre jours et d'environ 250 km. Avec leurs kayaks pliants, ils longent les berges du Danube en passant par Donauwörth, Ingolstadt, les gorges du Danube près de Regensburg et finalement Straubing. Le voyage est magnifique et Heidegger ne se plaint que de devoir changer d'auberge tous les jours et d'être contraint de manger du jarret de veau partout où ils s'arrêtent. Depuis Straubing, ils prennent le train pour Todtnauberg en passant par Augsburg.

Heidegger passe le reste de l'été dans la Forêt Noire à Todtnauberg, tout d'abord avec sa femme et les enfants qui rentreront à Fribourg à la rentrée scolaire. À la fin août, Heidegger reçoit la visite de Heinrich Barth, le frère de Karl Barth, ce qui lui donne l'occasion de discuter de la recension du *Kantbuch* que ce dernier vient de faire paraître dans les *Theologische Blätter*[1]. Ce sera ensuite au tour du compositeur Hermann Stephani de venir le visiter. Enfin, à la mi-septembre, Julius Stenzel vient passer quelques jours à la *Hütte* pour étudier le *Sophiste* et le *Parménide* de Platon avec Heidegger. Ce travail est une préparation pour Heidegger qui, à l'hiver 1930/31, donne un séminaire sur le *Parménide* de Platon avec le jeune philologue Wolfgang Schadewaldt. Il nous est impossible de déterminer si Heidegger et Stenzel se rendirent voter pour les élections générales du 14 septembre. À partir de ces élections qui verront le parti National-Socialiste obtenir 18,3% des votes, les chemises brunes déambuleront plus librement

---

1. « Heidegger und Kant : Zu Martin Heideggers Buch über *Kant und das Problem der Metaphysik* », *Theologische Blätter*, 1930/9, p. 139-147.

dans les rues d'Allemagne, défiant ceux qui veulent encore sauver la république.

Dans les derniers jours de septembre, Heidegger quitte la Forêt Noire et entreprend un voyage d'une quinzaine de jours. Les relations avec sa femme sont alors très tendues et ce voyage à travers l'Allemagne tombe à point. Les retrouvailles avec Hannah Arendt au début 1929 à Berlin et le temps que Heidegger consacre cet été-là à Lisi Blochmann ne sont sans doute pas étrangers à ces tensions. Il se rend donc tout d'abord à Cologne pour quelques jours afin de travailler, comme l'année antérieure, sur la mise en ordre du *Nachlaß* de Max Scheler. Le travail est assez dur et Heidegger se plaint des directives trop strictes de Maria Scheler.

Heidegger se rend ensuite à Francfort où il visite ses beaux-parents et sans doute aussi son ami Kurt Riezler. Heidegger arrive chez ses beaux-parents avec une copie du *Völkischer Beobachter*, l'organe officiel du Parti national-socialiste, journal qui, selon ce qu'écrit Heidegger à sa femme, intéresse au plus haut point son beau-père. Il nous faut donc croire que c'est en lisant ce journal que Heidegger s'informe du procès de Leipzig contre trois officiers nazis, procès dans lequel Adolf Hitler est appelé à témoigner. Pendant le séjour de Heidegger à Francfort, la ville a pris des airs de fête, car le 4 octobre se tient une grande *Hitlerfeier*. D'immenses affiches qui affirment « Nous attaquons ! » (*Wir greifen an!*) ont été installées dans les rues. Mais Heidegger sera déjà à Göttingen le jour de la fête. Par la suite, il passera quatre jours à Brême où il doit donner pour une seconde fois la conférence *Vom Wesen der Wahrheit*.

Heidegger avait été invité en juin par Heinrich Wiegang Petzet qui, des années plus tard, deviendra son grand ami. Lors de son séjour à Brême, Heidegger est très impressionné par la visite de la tombe de la peintre expressionniste Paula Becker-

Modersohn. Le 8 octobre au soir, Heidegger donne sa conférence dans le grand hall du *Real-Gymnasium* de Brême, l'une
des salles de conférence les plus grandes de la ville. Le journal
Bremer Nachrichten avait d'ailleurs annoncé la conférence et
publié un portrait de Heidegger.

Martin Heidegger in Bremen

Im Rahmen der akademischen Vorlesungen der Bremer
Wissenschaftlichen Gesellschaft spricht am Mittwoch der
bekannte Philosoph Martin Heidegger aus Freiburg,
dessen Berufung nach Berlin durch den neuen Kultus-
minister Grimm allgemeines Aufsehen erregte. Heidegger
hat den Ruf abgelehnt; es ist ungewöhnlich, daß er
außerhalb der Universität spricht.

Annonce parue dans les Bremer Nachrichten *du 8 octobre 1930*
(n° 279, 3ᵉ page, fonds de la Staats- und Universitätsbibliothek
Bremen) *accompagné d'un portrait réalisé par Ernst Riess* [1].

1. Traduction de la légende : « Dans le cadre des leçons académiques de
la Société Scientifique de Brême, le célèbre philosophe Martin Heidegger de
Fribourg prendra la parole mercredi. Sa nomination à Berlin par le nouveau
Ministre de la Culture Grimm attire l'attention générale. Heidegger a refusé la
nomination ; il est inhabituel qu'il parle à l'extérieur de l'université ».

Après la conférence, il y eut une réception organisée chez un homme d'affaire de Brême. Selon le témoignage de Wiegang Petzet, Heidegger aurait alors envoûté l'assistance en lisant la légende sur la joie des poissons de Tchouang-tseu[1]. Comme nous le verrons plus loin, la version de la conférence *Vom Wesen der Wahrheit* que donna Heidegger deux mois plus tard à Marbourg contenait une citation de Lao-tseu, ce qui laisse croire que les sages chinois occupaient alors Heidegger.

Au retour de Brême, Heidegger passe rapidement par Fribourg et Meßkirch et se rend au monastère bénédictin de Beuron pour passer une dizaine de jours avec les moines, les clercs et les novices[2]. Heidegger se rendait souvent à Beuron pour travailler depuis l'automne 1915, puis, après la Seconde Guerre lorsqu'il fut interdit d'enseignement. Le 26 octobre, en remerciements de l'accueil reçu au monastère, Heidegger donne une conférence sur le livre XI des *Confessions* d'Augustin.

*

La conférence présente une lecture fidèle du livre XI des *Confessions* et tente de montrer que ce livre occupe une place fondamentale dans l'économie de l'ouvrage. Dans la mesure où la conférence est donnée devant des moines qui, pour la plupart, sont familiers avec l'œuvre d'Augustin mais sans doute beaucoup moins avec *Sein und Zeit*, Heidegger n'entre que très peu dans les questions propres à l'ontologie fondamentale. Ici comme dans d'autres textes, Heidegger insiste sur l'importance historique, aux côtés de celle d'Aristote et de Kant, de la réflexion d'Augustin sur le temps. Il évoque aussi

1. Voir Heinrich Wiegang Petzet, *Auf einen Stern zu gehen*, *op. cit.*, p. 24.
2. Voir à ce sujet la lettre à Blochmann du 8 avril 1931.

à nouveau le caractère phénoménologique de la considération d'Augustin qui prend pour point de départ l'expérience
quotidienne mais fondamentale de la mesure du temps [1].

Heidegger, Martin :

    Des hl. Augustinus
    Betrachtung über die Zeit.
    Confessiones lib. XI.

    Beuron, Erzabtei St.Martin 26.X.1930
    (Conferenz vor den Mönchen,Klerikern und Novizen).

    (Die kurze Vorlesung möchte ein kleiner Dank sein für die
    freundschaftliche Aufnahme in Ihrem Kloster.
    Die Vorlesung handelt von der Betrachtung des hl.Augustinus über
    die Zeit.)
    In der abendländischen Philosophie sind uns drei bahnbrechende
    Besinnungen auf das Wesen der Zeit überliefert : die erste hat
    Aristoteles durchgeführt ; die zweite ist das Werk des hl.Augu-
    stinus, die stammt von Kant. Jede dieser drei Besinnungen über
    das Wesen der Zeit ist einem eigenen Zusammenhang entwachsen.
    Die Eigentümlichkeit der jeweils leitenden Perspektive läßt sich
    äußerlich in folgender Weise kennzeichnen : die aristotelische
    Abhandlung über die Zeit findet sich in der Physik lib. IV,
    c.10-14. Die augustinische Betrachtung steht in den Confessiones
    (lib.XI) ; die kantischen Erörterungen über die Zeit begegnen

Extrait de la première page du dactylogramme
conservé à la bibliothèque de l'Abbaye St. Martin à Beuron.

1. Dans son étude « Die "Confessiones" des Heiligen Augustinus im
Denken Heideggers », Friedrich-Wilhelm von Herrmann a consacré plusieurs
pages au contenu de la conférence d'octobre 1930 (dans Constantino Esposito
et Pasquale Porro (éds.), *Heidegger e i medievali*, *Quaestio*, 2001/1, surtout
p. 130-136).

LA CONSIDÉRATION DE SAINT AUGUSTIN
SUR LE TEMPS. CONFESSIONES LIB. XI
BEURON, 26 OCTOBRE 1930

Dans l'histoire de la philosophie occidentale, souligne Heidegger en ouverture, il existe trois réflexions originales sur l'essence du temps : celle d'Aristote (*Physique*, livre Δ), celle d'Augustin (*Confessions*, livre XI)[1] et celle de Kant (*Critique de la raison pure*, section sur le schématisme des concepts purs de l'entendement). Ces trois réflexions proviennent de trois questionnements bien distincts, mais présentent néanmoins une cohérence propre. C'est d'ailleurs toujours ce qui arrive en philosophie, note Heidegger, lorsque l'on s'approche de l'essence des choses. Le traité aristotélicien sur le temps a déterminé de façon décisive l'histoire complète du problème du temps et la mise en lumière de la considération d'Augustin

---

1. Heidegger a insisté à maintes reprises dans ses cours et textes des années 1920 sur l'importance du texte d'Augustin. Voir, entre autres, le traité de 1924, *Der Begriff der Zeit* (*GA* 64, p. 18), la conférence du même nom (*GA* 64, p. 111), *Sein und Zeit* (p. 427), le cours du semestre d'hiver 1926/27 (*GA* 23, p. 69 et 77-78) ou du semestre d'été 1927 (*GA* 24, p. 327-329). À ce sujet, voir Friedrich-Wilhelm von Herrmann, « Augustinus und die phänomenologische Frage nach der Zeit », *Philosophisches Jahrbuch*, 1993/1, p. 97.

que fait Heidegger est donc précédée d'un commentaire sur ledit traité.

Aristote. – Le traité d'Aristote se situe dans la *Physique* (Δ 10, 217b-14, 224a), c'est-à-dire dans l'ouvrage qui a pour objet les φύσει ὄντα, la « nature » au sens de l'être-sous-la-main ou du « monde ». Cette physique a peu à voir avec notre concept moderne en ce qu'elle interroge l'essence (λόγος) de la φύσις. La question décisive pour Aristote est donc la suivante : qu'est-ce qui est propre à la nature comme telle ? Dans ce traité, Aristote répond que c'est d'être ce qui rend possible le mouvement (ἀρχὴ κινήσεως), d'où la présence des recherches sur le mouvement présentées en Γ 1-3, E et Θ. Aristote décrit le mouvement en affirmant qu'il appartient à cette classe d'objets que l'on dit être « continus » (συνεχῶν) et qui peuvent être divisés « infiniment » (ἄπειρον). Mais le mouvement a aussi pour condition de possibilité le lieu, le vide et le temps. Le problème du temps ne se présente donc chez Aristote que pour servir les fins d'une autre problématique, soit celle du mouvement, pensée à partir des problèmes de l'in-fini, du lieu et du vide.

Heidegger propose donc une brève lecture du traité aristotélicien sur le temps[1]. Il souligne tout d'abord que les recherches aristotéliciennes sont menées au fil conducteur de deux questions, portant respectivement sur l'existence et sur l'essence du temps. La première : est-ce que le temps appar-

---

1. Pour une interprétation beaucoup plus détaillée, nous renvoyons à « l'interprétation du concept aristotélicien de temps » présentée dans le cours du semestre d'été 1927 (*GA* 24, p. 330-361). Heidegger aborde aussi les rapports qui existent entre le traité d'Aristote et les concepts de temps chez Hegel et Bergson dans *Sein und Zeit* (p. 26 et 432-433, note 1) et dans le cours de l'hiver 1925/26, *Logik. Die Frage nach der Wahrheit*, *GA* 21, p. 265-269.

tient aux choses qui existent ou aux choses qui n'existent pas?
(*Physique*, Δ 10, 217b). Le temps passe en effet constamment
et n'est disponible comme temps que dans la mesure où il
passe, c'est-à-dire dans la mesure où il se perd. Il semble donc
que le temps ne soit jamais et n'ait pas d'existence. La seconde
question considérée est la suivante: quelle est la nature du
temps? Selon Aristote, il est évident que tout en n'étant pas
identique au mouvement, le temps ne peut pas en être complètement indépendamment. D'une façon ou d'une autre, le
temps «appartient au mouvement» (*ibid.*, Δ 11, 219a). La
définition que donnera Aristote du temps est la suivante: «le
temps est le nombre du mouvement selon un antérieur et un
postérieur» (*ibid.*, 220a)[1]. Être dans le temps, note Heidegger,
ne signifie pour Aristote rien d'autre que d'être *mesuré* par le
temps (*ibid.*, Δ 12, 221a). Ainsi, à l'essence du temps appartient
nécessairement la *mesure* du temps.

Nous pouvons ainsi retourner à la première question et
nous demander si le temps est une chose qui existe ou qui
n'existe pas. Le temps est lié d'une façon ou d'une autre à ce
qui est mesuré, à ce qui est compté. Or, la mesure et le
décompte sont tout d'abord des comportements de l'âme, de la
ψυχή. Ainsi, il ne peut y avoir de temps sans qu'il y ait aussi
une âme pour en faire le décompte (*ibid.*, Δ 14, 223a). La
conclusion à laquelle parvient Aristote est donc que l'être

1. *La Physique*, trad. fr. A. Stevens, Paris, Vrin, 1999. La définition
d'Aristote, ὁ χρόνος ἀριθμός ἐστιν κινήσεως κατὰ τὸ πρότερον καὶ
ὕστερον ψυχή est ainsi traduite par Heidegger dans les *Grundprobleme der
Phänomenologie*: «Die Zeit ist ein Gezähltes an der für den Hinblick auf das
Vor und Nach, im Horizont des Früher und Später, begegnenden Bewegung»
(*GA* 24, p. 341; «Le temps est un [nombre] nombré quant au mouvement
venant à l'encontre, dans l'optique de l'avant et de l'après, à l'intérieur de
l'horizon de l'antérieur et du postérieur», trad. fr. Jean-François Courtine).

du temps (*Sein der Zeit*) n'est rien sans l'âme. Mais, selon Heidegger, le Stagirite ne dépasse pas cette caractérisation négative de la coappartenance entre l'âme et le temps. Ce qui signifie aussi que l'interprétation aristotélicienne de l'essence du temps demeure, malgré sa profondeur, à un certain stade préliminaire.

Pour Heidegger, la signification révolutionnaire du traité aristotélicien sur le temps réside en ceci que pour la première fois, l'expérience quotidienne du temps – le temps sur lequel nous comptons en jetant un regard au soleil, au cadran solaire ou à notre montre – est soumise à une interprétation *phénoménologique*[1]. Il n'est pas rare que Heidegger considère le travail du Stagirite comme présentant des traits phénoménologiques. Mais c'est aussi de cette façon qu'il juge les *Confessions* d'Augustin au début des années 1920. Ici, Heidegger affirme qu'Augustin vient justement prêter main forte à Aristote en mettant en lumière, dans ses *Confessions*, cette relation entre le temps et l'âme qui est plus évoquée qu'élaborée dans la *Physique*. Le seul fait que ce soit dans ses *Confessions* qu'Augustin a situé sa considération sur le temps doit nous laisser croire que la relation entre l'âme et le temps y reçoit un traitement plus approfondi.

Augustin. – La méditation d'Augustin sur le temps est bien connue, mais Heidegger affirme qu'à l'instar du traité d'Aristote, elle n'est pas véritablement « reconnue », dans la mesure où l'on est encore bien loin d'avoir épuisé son contenu fondamental. Certes, on voit fréquemment des écrivains « philosophiques » citer les mots d'Augustin : « Qu'est-ce

---

1. Il s'agit ici d'une apparition « tardive » du vocabulaire phénoménologique. Comme nous l'avons vu, la terminologie disparaît à partir du *Kantbuch*.

donc que le temps ? Si personne ne m'interroge, je le sais ; si je veux répondre à cette question, je l'ignore » (*Confessions*, livre XI, 14.17). Mais on se contente généralement de cette citation. Le manque de reconnaissance dont souffre la méditation augustinienne sur le temps se note aussi au fait que ceux qui s'aventurent dans le texte interrompent souvent leur lecture au livre X. Selon beaucoup, les livres XI à XIII ne constituent finalement qu'un appendice aux livres plus proprement autobiographiques [1].

Contre cela, Heidegger remarque que la considération sur le temps du livre XI répond en réalité à une exigence propre à l'ouvrage. Ce ne serait qu'avec ce livre que les *Confessions* atteignent leur véritable but, c'est-à-dire qu'elles atteignent leur propre fondement métaphysique. Loin d'être un appendice, le traité sur le temps procure, selon Heidegger, le premier éclaircissement sur l'ensemble de l'œuvre. Grâce à une discussion des chapitres 14-31 du livre XI, Heidegger souhaite obtenir une vue sur l'appartenance nécessaire de ce livre aux *Confessions*. Il s'agit donc de suivre le chemin de la considération sur le temps, de saisir la signification fondamentale de son résultat pour ainsi mettre en lumière le lien qui l'unit à l'ensemble des *Confessions*.

---

1. Heidegger prend comme exemple la traduction du Comte Georg von Hertling qui s'arrêtait au livre X (Freibourg i.B., Herder, 1905), ainsi que l'ouvrage de Georg Misch, *Geschichte der Autobiographie*, Bd. I, *Das Altertum*, Leipzig, 1907.

I. La marche de la considération augustinienne sur le temps

La considération sur le temps tente de deux façons de répondre à la question : *quid est tempus ?* Bien qu'Augustin emprunte deux chemins distincts (chap. 14-20 et chap. 21-31), les deux se situent sur le même sol, c'est-à-dire sur l'expérience quotidienne du temps. Tout au long de la considération, Augustin maintiendra ce cadre de la proximité quotidienne et envahissante du temps. La mesure du temps constitue à la fois le point de départ et l'expérience fondamentale (*Grunderfahrung*) sur laquelle la méditation se fonde [1].

Il n'y a rien « de plus connu, écrit Augustin, de plus familièrement présent dans nos entretiens que le temps » (livre XI, 14.17). Le simple emploi des verbes dans nos discours montre clairement que nous avons toujours affaire au temps. Mais même lorsque nous ne sommes pas en train de parler, nous avons encore affaire au temps : nous calculons avec le temps et le répartissons ; il nous reste encore du temps ou il n'en reste plus ; nous prenons notre temps ou nous le gaspillons. Celui qui n'a pas le temps, ajoute Heidegger, n'est pas celui qui échappe à la puissance du temps, mais bien plutôt celui qui y a succombé.

Le temps est constamment auprès de nous et nous connaissons quelque chose d'important à son sujet : il existe trois sortes de temps, soit le passé, le présent et le futur (*ibid.*, 17.22). Mais l'expérience fondamentale qui servira de point de départ à Augustin est celle de la mesure du temps. Bien que

---

1. Rappelons que c'est justement la possibilité de retourner à ces expériences *fondamentales* qui constitue le but de la destruction phénoménologique des années 1920 (*SZ*, p. 22).

nous soyons constamment en train d'avoir affaire au temps, d'en avoir besoin et de l'utiliser, il reste dissimulé pour nous. Comme l'écrit Augustin, il s'agit d'une « question si ordinaire et si mystérieuse » (*ibid.*, 22.28). Mais qu'est-ce au juste que nous mesurons? Augustin répond à la question en suivant deux chemins.

Premier chemin (chap. 14-20). La question *quid est tempus?* interroge dans un premier temps l'*existence* du temps. Augustin écrit tout d'abord qu'il existe trois sortes de temps : le passé qui n'est plus, le futur qui n'est pas encore et le présent qui, s'il était toujours et ne devenait pas passé, ne serait pas du temps mais bien l'éternité. Le présent, pour être, doit glisser vers le passé, vers le non-être. « Le temps est ce qui tend à n'être pas (*est tempus, quia tendit non esse*) » (*ibid.*, 14.17), écrit Augustin. Selon l'interpétation de Heidegger, le présent peut donc être décrit comme l'absorption de soi constante (*ständiges Sichverzehren*). Malgré cela, nous devons bien reconnaître que nous mesurons le temps et que nous distinguons les temps longs et les temps courts. Mais comment peut-on considérer longue une chose qui n'est plus ou qui n'est pas encore? En réalité, il n'y a que le présent dont on puisse dire qu'il *est*. Heidegger souligne qu'Augustin témoigne ainsi qu'il est l'héritier de la philosophie grecque antique qui saisissait l'être comme οὐσία, concept qui, avant de se voir octroyer sa signification terminologique, faisait référence à la « propriété », la maison, le domaine, la possession – c'est-à-dire ce qui est sous-la-main et à-portée-de-la-main (*vor- und zuhanden*) et ne peut être perdu. Dans la mesure où le poids de l'être retombe exclusivement sur le présent, on ne peut parler d'un temps passé qui fut long ni d'un temps futur qui sera long, mais devons bien plutôt parler de la longueur du temps en tant que laps de temps présent.

Le temps présent ne peut cependant jamais être long puisque, comme l'écrit Augustin, cent années (un temps long) ne sont jamais présentes ensemble. Seule une année peut être dite présente. Et de cette année, seul un mois peut être dit présent, et ainsi de suite jusqu'à ce que le présent se réduise à un point dans le temps « sans division possible de moment », « sans étendue » (*ibid.*, 15.20). Il semble que rien ne puisse plus s'appeler « temps long », dans la mesure où le passé n'est plus, l'avenir n'est pas encore et le présent est sans étendue. Le mesuré ne peut pas être et ce qui est, le présent, ne peut être mesuré.

Et pourtant, martèle Augustin, nous mesurons le temps, nous apercevons les intervalles de temps et les comparons entre elles. N'y a-t-il donc que le présent qui, véritablement, soit ? Il faut néanmoins que le futur et le passé existent, dans une retraite cachée, si certains peuvent prédire l'avenir et si d'autres narrent le passé. Nous nous comportons par rapport au passé et au futur comme envers de l'étant auquel nous pouvons faire référence. Mais s'ils sont, où sont-ils ? (*ibid.*, 18.23). Pour être à quelque endroit que ce soit, ils doivent y être comme présent.

Notons cependant que lorsque nous narrons un événement passé, nous ne saisissons jamais de l'étant, les « choses mêmes » (*res ipsae*), mais reproduisons bien plutôt des images (*imaginem*). *Imago*, soutient Heidegger, doit ici être compris comme « image » (*Bild*) et aucunement comme « représentation » (*Abbild*). C'est de l'aspect des choses dont il est question ici, de *species*, d'εἶδος, de quelque chose de perceptible (*ein Erblickbares*) et non de pures représentations. En plongeant dans les souvenirs conservés dans la mémoire, le regard rétrospectif devient un regard configurateur (*bildend*) qui donne et fabrique des images.

Pour ce qui est de la préméditation de nos actes futurs, Augustin affirme que nous ne voyons jamais ce qu'il en est réellement. La préméditation ne nous met pas en contact avec la chose, l'étant, mais seulement avec les causes et les symptômes de ce qui sera. Lorsque voyant l'aurore je prédis le lever du soleil, je ne vois pas pour autant le soleil futur. Il ne s'agit plus ici d'un regard rétrospectif, mais bien d'un regard *prospectif*, d'un regard « projeté au-devant » (*vorblickend*) propre à l'attente (*Erwartung*). L'étant passé et futur ne se manifeste donc au présent que s'il est présent dans l'« image » produite par une vue présente (*Anblick*).

Il est donc exact d'affirmer que le passé et le futur ne sont pas, si nous entendons par là *l'étant* qui est dans le passé et *l'étant* qui est dans le futur. Mais si nous parlons de l'être-passé de ce qui est passé (*das Vergangensein des Vergangenen*), alors il nous faut plutôt affirmer que, d'une certaine façon, celui-ci existe. Cet être-passé est en nous, dans notre capacité de conserver, tout comme l'être-futur est en notre capacité d'attendre. Dans la mesure où ces temps sont obtenus par une « présentification » (*Ver-gegenwärtigen*), c'est-à-dire maintenus et conservés dans le présent, on peut alors parler du « présent du passé », du « présent de l'avenir » et même du « présent du présent ».

Or, s'interroge Heidegger au fil de sa lecture du texte d'Augustin, qu'implique exactement cette expression « présent de » (*praesens de*) ? Tout d'abord, que quelque chose peut être présent dans l'âme et, ensuite, que l'âme elle-même a cette capacité du rendre-présent. Mais il faut aussi souligner la présence de ce « de » qui, tout d'abord, renvoie à quelque chose qui est lui-même présent ailleurs. Ce « de » est ce qui conserve et qui livre ce qui est rendu présent et qui, de cette façon, le donne à voir.

Il nous faut donc parler de trois temps présents dans l'âme : 1) l'avoir-là (*das Da-haben*) de ce qui est passé dans la mémoire (*memoria*); 2) l'avoir-là de qui est à venir dans l'attente (*expectatio*) et 3) l'avoir-là de ce qui est présent dans l'attention actuelle (*contuitus*). De cette façon et seulement de cette façon pouvons-nous affirmer que le temps existe dans sa triplicité. C'est ainsi qu'Augustin s'assure de l'existence du temps. Heidegger affirme alors que le premier chemin atteint ainsi son but : c'est cette présence, dans l'âme, de la triplicité du temps que nous mesurons quand nous mesurons le temps.

Deuxième chemin (chap. 21-31). Mais Augustin ne s'en tient pas à cette réponse au sujet de l'*existence* du temps et, à l'instar d'Aristote, interroge ensuite l'*essence* du temps : qu'est-ce exactement, *cela* que nous mesurons? D'après ce que nous venons de voir, il semble que le temps ne puisse être mesuré que lors de son passage. Heidegger affirme que cela témoigne de ce qu'Augustin conçoit le temps selon une tradition ancienne, c'est-à-dire aristotélicienne, selon laquelle le temps se comprend à partir du mouvement des corps. Lorsque nous mesurons le temps, nous mesurons la durée (*quamdiu*) qui va de l'origine à la fin (*ex quo – donec*) d'un mouvement. Nous mesurons donc le temps grâce à la durée, ce qui implique que nous mesurions le temps *grâce au temps* et *dans le temps* (*mit der Zeit in der Zeit*). Mais ce temps qui nous permet de mesurer le mouvement d'un corps doit à son tour pouvoir être mesuré s'il doit servir de mesure. Mais grâce à quelle mesure appréciera-t-on la durée du temps?

Nous devons admettre que nous mesurons les temps longs à l'aide de temps plus courts. Augustin évoque la longueur des poèmes qui sont constitués de vers, de pieds et de syllabes longues et brèves. Ici, on découvre une certaine mesure du temps, mais une mesure toute relative puisque nous pouvons toujours prononcer lentement un vers court pour en faire un vers long, l'allonger ou le raccourcir. Bien que le présent soit sans étendue, le temps, lui, devra être compris comme un étirement (*Gestrecktheit*), une étendue (*distentio*) dont la substance nous est inconnue. Mais cette étendue, écrit Augustin, ne peut qu'être « mon esprit lui-même » (*ibid.*, 26.33). Mon esprit doit donc pouvoir s'étendre et, en m'étendant, je serais moi-même le temps. Le temps a donc ce caractère « distentionnel » (*distentional*) propre à l'âme et qui fait qu'il ne peut être mesuré qu'au passage. Mais comment mesure-t-on le passage du temps ?

Ce que nous mesurons doit exister d'une façon ou d'une autre et ce qui existe a le caractère du *praesens*, du passage par le présent. En mesurant la durée d'un son, par exemple, nous mesurons l'intervalle qui va de son commencement à sa fin. Mais au cours de son passage, le son n'a cependant pas encore atteint sa fin et ne peut donc pas encore être mesuré. Ce n'est qu'une fois terminé et passé que le son pourrait l'être, mais alors, il n'est plus et ne peut plus être mesuré. Malgré tout, d'une façon ou d'une autre, *nous mesurons le temps*. Ce n'est donc pas les sons eux-mêmes que l'on mesure puisqu'ils ne sont plus, « mais quelque chose qui demeure dans ma mémoire, profondément imprimé » (*ibid.*, 27.35). C'est dans l'esprit que nous mesurons l'impression que laissent les réalités qui passent. C'est cette impression – « et non les objets qui l'on fait naître par leur passage » – que je mesure quand je mesure le temps. Heidegger écrit que ce n'est donc pas les choses comme telles que nous mesurons dans le temps, mais bien la façon (*das Wie*) dont elles s'impriment en nous lorsque nous sommes tournés vers elles. Pour ce qui est de cette façon qu'ont les choses de m'affecter, Heidegger renvoie à la compréhension kantienne de l'essence du temps comme affection de soi (*Selbstaffektion*)[1].

Augustin a déjà fait remarquer qu'on peut parler de trois facultés de l'esprit qui correspondent aux trois temps que nous connaissons : l'esprit attend (*expectat*), porte attention (*attendit*) et se souvient (*meminit*). Ainsi, le passage du temps peut être décrit comme le passage de l'objet de l'attente vers l'attention, puis vers le souvenir (*ibid.*, 28.37). C'est grâce à ces trois facultés que le temps peut être mesuré. Un temps long appartenant au passé ou à l'avenir n'est jamais disponible en tant que temps long. Ce qui est long, c'est bien plutôt ce que nous saisissons *maintenant* comme *temps*, c'est-à-dire la mémoire qui s'éternise ou alors l'attente qui anticipe longuement.

II. LE RÉSULTAT DE LA CONSIDÉRATION ET SA SIGNIFICATION FONDAMENTALE

Que retient Heidegger de cette considération augustinienne sur le temps ? Quelle en est, pour lui, la signification fondamentale ? Tout d'abord, il faut souligner cette caractérisation positive du temps comme *distentio*, c'est-à-dire comme un être-étendu triplement dispersé. Mais aussi, négativement cette fois-ci, il faut retenir que le temps n'est pas qu'une simple juxtaposition unidimensionnelle de points « maintenant » se suivant les uns les autres.

---

1. Au sujet de la *Selbstaffektion*, voir *GA* 21, p. 338-344 ; *GA* 25, p. 150-153 et p. 395-399 ; *GA* 3, p. 188-203. Au sujet du lien entre la *Selbstaffektion* kantienne et la *distentio animi* augustinienne, voir aussi *GA* 23, p. 69.

Heidegger remarque que cette *distentio*, cet être-étendu (*Erstrecktheit*), constitue le caractère fondamental de la *vita actionis*, de l'être du comportement humain. L'être de l'homme est, comme tel, un s'étendre triplement dispersé. Cette *distentio* peut cependant souffrir des modifications : le souvenir peut devenir oubli, l'attente peut devenir renoncement, le présentifier peut devenir laisser passer. Or, ces trois dernières relations ne sont pas seulement la négation des trois premières, mais bien un rapport authentiquement positif au passé, au futur et au présent. Dans cette possible modification réside la possibilité d'une transformation de l'étirement (*Gestrecktheit*) et de sa guise quotidienne qu'est la dispersion (*Zerstreuung*)[1].

Pour se retrouver, se reprendre (*zurückholen*)[2], l'homme doit transformer (*verwandeln*) le « dis » de la *distentio*, transformer cette dispersion en attention (*adtentio*). Or, cela signifie transformer l'extension (*Erstrecken*) interne, de telle sorte que son rassemblement (*Gesammeltheit*) tende vers cela qui est *ante*, c'est-à-dire devant et antérieur. *Ante* peut en effet siginifier ici le pur présent auquel on fait face, mais aussi ce qui est antérieur à tout temps : l'éternité, le *praesentissimum*, la présence constante, le *nunc stans*. Selon Heidegger, c'est dans cette temporalité antérieure à tout temps qu'Augustin désire être « ferme et stable » (*ibid.*, 30.40). Dieu est « avant tous les temps », « créateur éternel de tous les temps » (*ibid.*). Cette stabilité dans l'éternité doit être comprise comme un

1. Heidegger traite de cette dispersion (*Zerstreuung*) dans son cours de l'été 1921 sur Augustin (*Phänomenologie der religiösen Lebens*, *GA* 60, p. 205-206). Il s'agit aussi d'une expression que Heidegger employait très souvent dans *Sein und Zeit* pour caractériser l'existence quotidienne du *Dasein* ou la curiosité.

2. Dans *Sein und Zeit*, Heidegger écrit aussi que le *Dasein* doit se reprendre (*zusammenholen*) hors de la dispersion (*SZ*, p. 390).

« se tenir » (*sistere*) dans l'*ex-tentio*, c'est-à-dire comme un « se tenir hors de », un *ex-sistere*.

Ainsi, l'existence (*Existenz*) de l'homme se situe dans l'essence du temps. L'homme est une créature temporelle, non pas parce qu'il est éphémère et qu'il agit dans le temps (la pierre et l'animal aussi seraient en ce sens temporels), mais bien parce que le temps comme *distentio* est l'essence de l'existence de l'homme. L'homme s'essencifie (*west*)[1] en tant que temps et il mesure le temps. Nous ne pouvons cependant comprendre qu'à partir de l'essence du temps la raison pour laquelle nous devons, en tant qu'hommes existants, compter avec le temps. Il y a donc une transition de la question *quid est tempus?* à la question *quid est homo?*, la question fondamentale des livres I à X des *Confessions*.

III. LE LIEN ENTRE LA CONSIDÉRATION SUR LE TEMPS ET L'ENSEMBLE DES *CONFESSIONS*

Pour Heidegger, les *Confessions* ne doivent pas être lues comme une autobiographie, une auto-analyse du vécu de l'âme ou comme une description d'expériences religieuses. Il ne s'agit aucunement d'une énumération de faits anecdotiques et propres à l'histoire contemporaine qui seraient imprégnés d'une signification religieuse. Augustin s'interroge bien

---

1. On retrouve les premières « traces » d'un emploi de *wesen* en son sens verbal – ce qui deviendra habituel au milieu des années 1930 – dans les cours du semestre de l'été 1929 (*GA* 28, p. 66-67 et 287), de l'été 1929/30 (*GA* 29/30, p. 135, 145, 436, 529-531) et de l'hiver 1930/31 (*GA* 32, p. 193). Comme nous le verrons, Heidegger emploie l'expression dans la conférence *Philosophieren und Glauben* de décembre 1930.

plutôt sur l'essence de l'homme (*quid est homo?*) en tant que question portant sur l'essence de Dieu (*quid est deus?*). Selon Heidegger, Augustin se rapproche en cela de Hegel et, d'une façon distincte, de Nietzsche pour qui la mort de Dieu conduit directement à une interrogation sur l'homme.

Afin de mettre en évidence, comme il l'a promis en introduction, le lien qui unit le livre XI au reste de l'œuvre, Heidegger souhaite montrer que la considération sur le temps est, dans sa marche et dans ses résultats, une « confession ». Et certes, pas une confession parmi d'autres, mais bien la confession où les *Confessions* atteignent leur authentique profondeur et leur plus grande portée.

À partir du livre X, affirme Heidegger, les *Confessions* concentrent leur attention sur le soi propre. Dans le livre XI, le *confiteor* est continuellement saisi comme un « je mesure le temps tout en ignorant ce que je mesure » (*tempora metior et quid metior nescio*), un « j'ignore cela que j'ignore et qui constitue ce sur quoi doit porter mon questionnement ». La question de la mesure du temps se convertit en une question portant sur l'essence de l'homme, sur le *homo sum*. Le texte parvient ainsi à une mise en lumière décisive : « mon âme ne fait-elle pas un aveu sincère en déclarant qu'elle mesure le temps ? » (*ibid.*, 26.33). Si j'ignore ce que je mesure, si j'ignore ce qu'est le temps, c'est que j'ignore qui est l'homme. C'est ainsi qu'Augustin revient sur la *quaestio factus sum mihi*, sur cette « terre ingrate » qu'est l'homme pour lui-même et dont il a été question au livre X. Cette question sur le temps qui révèle une ignorance profonde dévoile en même temps la dignité de question (*Fragwürdigkeit*) dans laquelle il nous faut chercher ce qui est digne (*würdig*) d'être interrogé, de telle sorte que je questionne et que je puisse questionner. Ainsi, cette recherche (*quaerere*) au sujet du temps n'est pas qu'un questionner

(*Fragen*), ni un simple chercher (*Suchen*). Il s'agit bien plutôt d'une sollicitude (*Nachsuchen*), d'une requête (*Erbitten*) dans laquelle on demande que quelque chose nous soit donné. Lorsque l'on interroge la vérité, remarque Heidegger qui a certainement en tête la conférence sur l'essence de la vérité, on exige (*erbitten*) le hors-retrait (*Unverborgenheit*) de l'étant.

Interroger le temps, ce sera donc questionner la *distentio vitae* et exiger son hors-retrait. Mais puisque nous sommes nous-mêmes le temps, demander que nous soyons transportés dans cette *distentio* ne signifie rien d'autre que de pouvoir être authentiquement temporels. Et cela signifie : tendre de façon soutenue vers l'*aeternitas*. On cherche l'éternité, sa vérité et son hors-retrait. C'est ainsi que l'on peut passer de la *distentio* à l'*adtentio*[1] : porter l'attention là où « l'aube de la vérité commence à poindre » (*ibid.*, 27.34), là où le non-retiré (*das Unverborgene*) luit purement et se montre, là où il n'est ni dissimulé (*verstellt*) ni défiguré (*entstellt*).

C'est dans la considération sur le temps que le véritable *quaerere* de la *quaestio* des *Confessions* se découvre. Dans la transition décisive du premier au second chemin (chap. 22), Augustin écrit : « Donne-moi ce que j'aime. Car j'aime et tu m'as donné d'aimer » qui rappelle le thème de son *volo ut sis*. Ce « je veux que tu sois », Heidegger le réinterprète comme un « laisser l'étant être l'étant qu'il est », formule sur laquelle nous aurons l'occasion de nous pencher en abordant la conférence suivante. Le « donne-moi ce que j'aime » se transforme en un « donne-moi l'étant qui proprement est l'étant » et, devant les novices du cloître de Beuron, en un « donne-moi que je puisse laisser Dieu être Dieu ».

---

1. Tout au long de sa conférence, Heidegger emploie *adtentio* plutôt qu'*attentio* comme le veut le texte latin.

CONCLUSION

La question qui préoccupe la conférence est celle de la connaissance de l'essence du temps. Afin de la connaître, Heidegger affirme que nous devons laisser cette essence (*Wesen*) devenir essentielle (*Wesentlich*). Nous ne saisissons l'essence du temps que lorsque nous saisissons ce qu'exige son essence authentique, soit l'*extensio*, que lorsque nous nous reprenons à partir de la *dispersio*. Il faut aussi que nous nous récupérions de la multiplicité du va-et-vient du discours et du questionnement discursif propres à la recherche et à la présentation, c'est-à-dire retourner de la multiplicité et de la dispersion du discours vers le rassemblement du questionnement silencieux. Lorsqu'il s'interroge : *quid est tempus ?*, Augustin remarque : « Si personne ne m'interroge, je le sais ; si je veux répondre à cette question, je l'ignore » (*ibid.*, 14.17). En silence, donc, nous comprenons l'essence du temps. Heidegger remarque que cette phrase d'Augustin n'est pas une formule pleine d'esprit qui serve à souligner la difficulté de la considération sur le temps. Il s'agit bien plutôt de la présence (*Anwesung*) à son comprendre effectif, qui résulte de la compréhension la plus profonde de l'essence du temps.

Heidegger clôt en disant que cette conférence (*Vorlesung*) ne doit d'ailleurs pas ignorer cette présence. En tant que pré-lecture (*Vor-lesung*), elle n'est qu'une indication brute à une lecture effective, dans laquelle se temporise (*sich zeitigt*) toute tenue (*Verhaltenheit*) silencieuse du cœur. Dans le silence de cette tenue, écrit Heidegger, la parole s'adresse à nous.

L'ESSENCE DE LA VÉRITÉ EST LA LIBERTÉ

Après son séjour à Beuron, Heidegger reprend les cours assez tardivement, au mois de novembre 1930, puisqu'il n'a alors que des exercices et un cours de deux heures par semaine – et non quatre comme c'était l'habitude. En plus du cours sur la *Phénoménologie de l'esprit*, Heidegger donnera dans ses séminaires des exercices sur le *Parménide* de Platon (avec Wolfgang Schadewaldt) et sur le livre XI des *Confessions*, en continuité, vraisemblablement, avec ce qu'il avait présenté à Beuron[1].

En septembre, avant d'embarquer dans ce dialogue renouvelé avec Hegel, Heidegger faisait part de ses inquiétudes à son amie Lisi : «Je ne sais pas encore comment je me tirerai de cette lutte; c'est là en tout cas une occasion d'apprendre quelque chose d'essentiel». Certes, ce cours sur Hegel est important à bien des égards car il correspond, dans l'œuvre de Heidegger, à deux ruptures assez claires. Tout d'abord, Heidegger fait ses adieux, devant ses étudiants, à la phénoménologie. Comme nous l'avons déjà souligné,

---

1. En vue de la préparation de ce séminaire inédit, Heidegger a aussi rassemblé les esquisses datant de ses cours sur Augustin du début des années 1920. Voir, à ce sujet, la postface de Claudis Strube, *GA* 60, p. 347.

Heidegger n'abandonnera sans doute jamais l'*esprit* phénoménologique, mais il affirme dans le cadre de ce cours que
« si nous nous référons à la plus récente publication de Husserl
[*sc.* le *Nachwort* aux *Ideen* de 1930], qui contient un désaveu
passionné de ceux qui avaient été jusque-là ses collaborateurs,
nous ferons mieux à l'avenir de n'appeler phénoménologie
que *ce que* Husserl lui-même a créé et veut promouvoir »[1]. La
rupture avec Husserl semble définitivement consommée. À l'été
1929, soulignons aussi que Heidegger laisse tomber l'appella-
tion « exercices *phénoménologiques* » pour ses séminaires,
titre qu'il a employé entre le semestre d'hiver 1920/21 et celui
de l'hiver 1923/24, puis, entre le semestre d'hiver 1927/28 et
le semestre d'hiver 1928/29. Enfin, en décembre, Heidegger
refusa même, et ce malgré l'insistance de Husserl, d'appuyer
la candidature de Ludwig Landgrebe pour un poste à Kiel[2].

Mais le cours sur Hegel de l'hiver 1930/31 est aussi le
premier cours dans lequel Heidegger ne se réfère plus à son
projet philosophique comme à celui d'une métaphysique du
Dasein. Nous pourrions dire que ces adieux à la métaphysique
sont définitivement prononcés autour de janvier ou février
1931, dans la deuxième moitié du cours sur la *Phénoménologie
de l'esprit* alors que Heidegger propose une critique nouvelle
de la tradition métaphysique et forge pour caractériser celle-ci le
syntagme « onto-théo-logie »[3]. De façon inattendue, Heidegger
met à jour un mécanisme vicié de la pensée métaphysique,
réflexion qui inaugure le *dépassement* de la métaphysique. Si
l'on compare le débat qui s'établit ici avec Hegel à celui de
mars 1930 sur lequel nous nous sommes penchés plus tôt,

1. *GA* 32, p. 40.
2. Lettre de Husserl à Heidegger du 22 décembre 1930.
3. *GA* 32, p. 140-144.

la différence saute aux yeux : il ne s'agit plus désormais de proposer une *autre* métaphysique, une métaphysique du *Dasein* qui ferait ce que la métaphysique absolue hégélienne n'a jamais su faire, mais bien d'élaborer une pensée *autre*, *non métaphysique*, qui puisse se présenter comme un *dépassement* de l'effort hégélien. Au mois de décembre 1930 dans sa conférence *Philosophieren und Glauben* faite à Marbourg, Heidegger met en place, comme nous le verrons, tous les éléments menant à ce *dépassement* de la métaphysique.

Avant d'aborder le texte de cette conférence, qui porte sur l'*essence* de la vérité, une remarque terminologique concernant l'emploi du terme « essence » s'impose. À partir du traité sur le fondement, Heidegger emploie de plus en plus fréquemment dans les titres de ses écrits et de ses cours le terme métaphysique traditionnel d'« essence », *Wesen*. Il sera alors question de l'*essence* du fondement, de l'*essence* de la liberté humaine ou encore de l'*essence* de la vérité. Mais loin de simplement récupérer à même la tradition un de ses termes clés, Heidegger *reprend* le mot en lui conférant une nouvelle signification. Nous avons mentionné que Heidegger emploie déjà le sens verbal du mot – dans des expressions comme « *es west* », par exemple. Mais même le sens du concept courant d'« essence » a été transformé. Mettre en lumière l'essence d'une chose, ce n'est pas alors pour Heidegger simplement parler de son être-quelque-chose, de son *Was-sein*, mais bien en parler de telle sorte que *le fondement de la possibilité interne* de ce quelque chose soit mis en lumière. Selon ce qu'écrit Heidegger dans le cours du semestre d'été 1930, « trois choses appartiennent à la mise en lumière d'essence (*Wesenserhellung*) : 1. L'être-quelque-chose, ce que [la chose en question] est en tant que telle. 2. De quelle façon cet être-quelque-chose est en soi possible. 3. Où réside le fondement de cette possibilité ? » [1]. Ainsi, mettre en lumière l'essence d'une chose – du fondement, de la liberté humaine ou encore de la vérité – ce n'est pas simplement constater sa *realitas*, mais surtout chercher le fondement de sa possibilité. C'est suivant ce schéma que Heidegger proposera d'aborder l'essence de la vérité dans la conférence de décembre 1930.

Le manuscrit du cours sur la liberté humaine contient un *Exkurs* consacré à la question de l'analyse d'essence (*Wesens-analyse*). Selon ce qu'y écrit Heidegger, son concept d'analyse d'essence se réclame du concept kantien d'analytique qui cherche à dépasser la simple description de la chose afin d'interroger l'essence, c'est-à-dire la possibilité interne de la chose [2]. Ce type d'analyse, continue Heidegger, constitue une méthode spécifique de recherche qui possède ses propres lois. Il ne s'agit pas ici de décrire les propriétés d'essence sous-la-main de la chose, mais bien d'en démontrer la possibilité interne, c'est-à-dire de procéder à une détermination d'essence ou encore, à ce que Heidegger appelle une fondation de l'essence (*Begründung des Wesens*).

Dans cet *Exkurs*, Heidegger interroge le lien qui unit les trois étapes de la connaissance d'essence (*Wesenserkenntnis*) [3], mais ne fait que brièvement indiquer que « l'étape 1 pré-esquisse les étapes 2 et 3, et l'étape 3 renvoie à son tour son rayon vers les étapes 1 et 2 », avant d'ajouter : « Les étapes ne sont point des pas fermes et définitifs, simplement juxtaposés, mais toujours un va-et-vient, une métamorphose croissante

1. *GA* 31, p. 12.
2. *Ibid.*, p. 178.
3. Tout comme c'est le cas pour l'emploi par Heidegger du vocabulaire transcendantal, l'utilisation de l'expression « connaissance d'essence » peut être interprétée comme une reprise critique de la phénoménologie husserlienne.

qui, au fond, ne permet rien de définitif »[1]. La connaissance d'essence est donc « métamorphosante », c'est-à-dire que son résultat est loin d'être « le but absolument ultime et définitif » de la philosophie[2]. La détermination d'une essence ne se réduit en effet jamais à une description qui offrirait des résultats mesurables, mais consiste plutôt en une « question qui retourne jusqu'à ce qui appartient à la possibilité interne » de la chose à analyser.

L'analyse d'essence, comme toute analyse, se présente comme la dissolution, le démembrement (διαίρεσις) de ce qui est composé et ce, dans le but non seulement de constater les moments qui composent le concept analysé, mais surtout de mettre en lumière le lien qui unit (σύνθεσις) les éléments et la nécessité de cette liaison. Analyser, c'est donc « *dénouer l'enchaînement des structures du savoir*, c'est-à-dire *revenir à leur unité en tant qu'origine de l'articulation* »[3]. La détermination d'essence devra donc retourner à cela qui constitue le fondement « de la coappartenance de ce qui se coappartient »[4].

Comme il l'avait fait à l'hiver 1929/30 en revenant sur le concept d'indication formelle, Heidegger prend ses distances avec l'idée d'une description de l'essence d'une chose[5]. Il n'appartient pas à la philosophie de parler directement de l'essence d'une chose, d'en faire la description comme quelque chose de sous-la-main. L'essence et l'enchaînement d'essence ne s'offrent pas dans une description puisqu'avec l'essence, il s'agit toujours de rapports de possibilité et de

1. *GA* 31, p. 179.
2. *Ibid.*, p. 180.
3. *Ibid.*
4. *Ibid.*
5. *GA* 29/30, p. 421 *sq.*

possibilisation. La mise en lumière d'essence requiert bien plutôt « la métamorphose, le suspens, le dégagement de tout attachement unilatéral à ce qui peut être définitivement et simplement su » [1].

Ce qu'il importe donc de noter, c'est que l'emploi que fait Heidegger du terme « essence » s'éloigne précisément de toute description qui insisterait sur la persistance dans le temps de l'étant, sur sa *Vorhandenheit*. Ainsi, même si le terme passe pour l'un des termes fondamentaux de cette métaphysique de la subsistance tant décriée – surtout par le « second » Heidegger – il faut avoir à l'esprit qu'ici, Heidegger *reprend* – c'est-à-dire *transforme* – le concept d'essence en un concept qui se rapproche de celui de l'indication formelle et qui ne cherche pas à décrire l'être-quelque-chose de la chose analysée, mais bien plutôt à déterminer le fondement de sa possibilité interne. Ainsi, en abordant la question de l'*essence* de la vérité, Heidegger n'interrogera pas seulement son essence au sens « courant » – son être-quelque-chose, soit l'adéquation – mais surtout l'ouverture du *Dasein*, qui en constitue la condition de possibilité, et la liberté du *Dasein*, fondement de l'ouverture.

Depuis que Heidegger a pris le chemin de Fribourg en 1928, Bultmann n'a de cesse de lui demander qu'il vienne donner une conférence à Marbourg. C'est ce qu'il fera finalement au mois de décembre 1930. Bultmann est donc très heureux de retrouver son ami à ses côtés et il en profite pour l'inviter à un *Graeca-Abend*, ces rencontres orientées sur

---

1. *GA* 31, p. 181.

le monde grec auxquelles participaient, entre autres, Hans-Georg Gadamer, Karl Löwith et Gerhard Krüger [1].

Comme nous l'avons mentionné, la conférence sur l'essence de la vérité a tout d'abord été donnée à Karlsruhe au mois de juillet, puis à Brême en octobre. La version de la conférence sur laquelle nous allons maintenant nous pencher est celle donnée devant les étudiants de théologie de Bultmann. Cela explique certainement le changement de titre apporté à la conférence (« Philosopher et croire »). Mais comme nous le verrons, Heidegger ne tarde guère plus d'une minute à mettre hors-jeu tout débat possible entre théologie et philosophie. Une semaine après, Heidegger redonnera la conférence à Fribourg et à nouveau à Dresde à l'été 1932 [2].

*

Présentant une structure similaire au texte Vom Wesen der Wahrheit publié en 1943, la conférence interroge tout d'abord ce que l'on entend couramment par vérité dans le but de mettre en lumière le fondement que constitue la liberté du Dasein. Se penchant ensuite sur la non-essence de la vérité, com-

1. Au sujet de ces soirées organisées par Bultmann, voir Hans-Georg Gadamer, *Philosophische Lehrjahre*, Francfort-sur-le-Main, Klostermann, 1977, p. 37-39 et 225 et Jean Grondin, *Hans-Georg Gadamer. Eine Biographie*, Tübingen, Mohr, 1999, p. 20 et 141.

2. Selon le *Nachweise* au recueil *Wegmarken* (*GA* 9, p. 483). Le 24 mai 1926 à Marbourg, Heidegger avait déjà donné une conférence portant le titre *Vom Wesen der Wahrheit* (publiée dans une traduction anglaise de Theodore Kisiel dans *Becoming Heidegger, op. cit.*, p. 275-288), mais le contenu de cette dernière doit plutôt être rattaché au § 44 de *Sein und Zeit* qu'à celui de la conférence de 1930.

prise comme retrait et comme errance, Heidegger aborde la question du « mystère » que constitue le retrait de l'étant. La manifestation première de l'être comme φύσις est alors interprétée comme le premier moment où le Dasein laisse être l'étant, c'est-à-dire comme le commencement de l'histoire.

PHILOSOPHER ET CROIRE
L'ESSENCE DE LA VÉRITÉ
MARBOURG-SUR-LA-LAHN, 5 DÉCEMBRE 1930

La conférence commence par évoquer le rapport qui existe entre la philosophie et la théologie tel qu'il se donne dans la distinction entre le philosopher et le croire. Nous citons l'ouverture selon l'extrait qu'en donnent les éditeurs de la correspondance entre Heidegger et Bultmann : « La tâche de l'exposé est indiquée par le titre "Philosopher et croire" et par le sous-titre "L'essence de la vérité". Le titre énonce de quoi il sera question : du philosopher et du croire et non pas de philosophie et de théologie. Le sous-titre indique de quelle façon nous concevons la tâche. Nous ne parlons ni *du* philosopher, ni *du* croire, ni du rapport entre les deux. C'est plutôt en interrogeant l'essence de la vérité que nous philosophons. Mais en présentant les choses ainsi, n'excluons-nous pas dès le départ le croire ? En effet. Et pourtant, nous traitons aussi du croire, et tout autant du rapport à lui, – en n'en parlant pas ; le titre indique que le croire, ainsi que le rapport à lui, doit demeurer dissimulé au philosopher. [Mais] le croire ne demeure dissimulé que si nous affirmons quelque chose [à son sujet] en philosophant à propos d'autre chose » [1].

L'entrée en matière *théologique* était sans doute exigée par le cadre dans lequel la conférence a été donnée. Immédiatement après cette introduction, Heidegger se tourne vers la question *philosophique* de l'essence de la vérité, c'est-à-dire la question de ce qu'est la vérité *en général*.

I. Le concept courant de vérité [2]

Heidegger définit le concept courant de vérité en montrant que l'on emploie généralement l'adjectif « vrai » comme synonyme de « réel » : une *vraie* joie, de l'or *vrai*, etc. Ici, « vrai » s'oppose à « faux », c'est-à-dire à ce qui n'est pas réellement ce qu'il paraît être. Pourtant, l'or faux n'en est pas moins *réel* que l'or véritable, bien qu'il ne soit pas *en vérité* de l'or. L'or vrai est ce qui est en accord avec ce que nous avons proprement en vue lorsque nous pensons à de l'or. Dans le cas de l'or faux, nous affirmerons qu'ici, quelque chose ne convient pas, quelque chose « ne colle pas » (*stimmt nicht*).

Mais nous appelons aussi, et même premièrement, « vraies » des choses d'une nature autre comme les énoncés, les propositions et les connaissances. L'énoncé est lui aussi dit

---

1. Rudolf Bultmann/Martin Heidegger, *Briefwechsel 1925 bis 1975*, Andreas Großmann et Christof Landmesser (éds.), Francfort-sur-le-Main, Klostermann, 2009, p. 142-143, note 3. Les dernières phrases de la citation se trouvent aussi dans Hermann Mörchen, *Adorno und Heidegger, op. cit.*, p. 229, note 60.

2. Afin de faciliter la recherche dans le texte, nous reprenons à peu près les titres que Heidegger a utilisés dans l'édition de 1943, bien que la transcription n'en comporte aucun.

vrai lorsqu'il concorde avec la chose en question. Ce qui alors convient (*stimmt*), ce n'est plus la chose qui est « comme il se doit », mais bien la proposition. Mais que l'accord ait lieu entre une chose et ce qui est présumé lui appartenir ou entre une proposition et ce qu'elle vise, la vérité est affaire d'accord, d'adéquation (*adaequatio*).

Nous nous trouvons donc face à un concept double de vérité qui admet aussi deux contraires, soit l'apparence (la non-vérité de la chose) et la fausseté (la non-vérité de la proposition). Mais puisqu'il s'agit ici d'indiquer l'essence *de la vérité*, l'apparence et la fausseté semblent pouvoir être omises – en un premier temps, du moins. De cette façon, dit Heidegger, nous avons franchi la première étape de la connaissance d'essence – soit, selon ce que nous avons vu plus tôt, la détermination du *quid* de la chose en question – en déterminant que la vérité est l'adéquation ou, plus exactement, le double convenir de la chose avec ce qui lui appartient ou avec ce qui est dit d'elle. Or, si l'usage courant de l'adjectif « vrai » se réfère d'abord et surtout au premier convenir, les réflexions explicites au sujet de son essence s'attardent en général au second, soit à la concordance (*Übereinstimmung*) entre la proposition et la chose, à la vérité de l'énoncé. Si l'on se penche sur cette *adaequatio*, il nous faut maintenant, suivant les principes de la connaissance d'essence, nous interroger sur ce qui rend possible une telle concordance.

II. La possibilité intrinsèque de la concordance

En général, on parle de concordance lorsque deux choses identiques – deux pièces de cinq marks est l'exemple que donne Heidegger – concordent l'une avec l'autre. Mais nous parlons aussi de concordance pour évoquer la relation qui existe entre la pièce de monnaie et l'énonce vrai : « cette pièce de monnaie est ronde ». Pourtant, souligne Heidegger, si l'on voit clairement ce que deux pièces de cinq marks peuvent avoir d'identique, il est plus difficile de déterminer ce qui unit une pièce de monnaie (objet matériel de forme ronde, fait de métal et qui est un moyen de paiement) à un énoncé (objet immatériel sans forme aucune et qui ne permet pas d'acheter des choses). Nous disons néanmoins qu'il y a adéquation entre les deux.

Suivant son essence, l'énoncé contient une visée en direction de la chose dont il parle. Si cela est possible, c'est parce qu'il est tout d'abord un comportement envers quelque chose, un comportement qui tend à se rendre adéquat à la chose visée. Ainsi, le comportement que constitue l'énoncé est un comportement qui se comporte de telle sorte qu'il répond à des exigences formulées par la chose envers laquelle il se comporte. Pour concorder avec la chose, l'énoncé n'a d'autre choix que de *coller* à la chose, c'est-à-dire de lui obéir. L'énoncé se tient donc sous la loi du « tel-que », une exigence qu'impose la chose sur laquelle il énonce. Le comportement qu'est l'énoncé doit s'ouvrir à ce envers quoi il se comporte et s'y conformer. Ainsi, comme tout comportement, l'énoncé *rend manifeste*. Si Heidegger dit « tout comportement », c'est parce que ce n'est pas en tant que « détermination théorique d'un objet » que l'énoncé rend manifeste. C'est plutôt le propre de *tout* comportement de rendre l'étant manifeste, au même titre que l'exécution du travail artisanal rend manifeste le produit de l'artisan. Dans ce cas, le travail tend à se conformer à l'objet en question et, de cette façon, il le rend manifeste. S'il est de la nature de l'énoncé d'être conforme à son objet et de rendre celui-ci manifeste, c'est essentiellement parce qu'il est un comportement. Ainsi, assigner la vérité à l'énoncé seul constitue une façon unilatérale et superficielle de concevoir la vérité. Ce sont plutôt les comportements humains qui se situent au fondement de la vérité.

Mais pour qu'un comportement puisse se conformer à son objet, il faut qu'il se laisse donner la mesure par son objet, c'est-à-dire par cela envers quoi il se comporte. Ainsi, avant de se comporter et de pouvoir être conforme, le comportement se laisse tout d'abord donner la mesure et, de cette façon, il prend, pour ainsi dire, une certaine avance sur lui-même. Dans le comportement envers quelque chose, il y a donc une forme d'obligation, quelque chose de contraignant qui vient donner la mesure au comportement. C'est seulement sur ce fondement qu'un accord avec l'objet envers lequel on se comporte est possible. Et pourtant, Heidegger avait tout d'abord défini le comportement comme rendant l'étant manifeste. Est-ce ce rendre-manifeste qui rend possible la contrainte ou est-ce plutôt cette dernière qui fonde le premier ? Heidegger affirme qu'aussi longtemps que la lumière n'est pas faite sur la relation entre la rendre-manifeste (l'ouverture) et le laisser-être-contraignant propres au comportement humain, l'essence de la concordance reste quelque chose d'obscur. Mais une chose a déjà été obtenue : la possibilité intrinsèque de la concordance – deuxième pas de la connaissance d'essence – est l'admission préalable d'une contrainte propre au comportement humain.

III. LE FONDEMENT DE LA POSSIBILISATION DE LA CONCORDANCE

Si le comportement doit admettre de façon préalable une contrainte, c'est qu'il est tout d'abord libre. C'est donc sur le fondement de la liberté, affirme Heidegger, qu'advient cette avance caractéristique en laquelle le comportement se laisse donner la mesure par son objet. Ainsi, le fondement de la possibilité intrinsèque de l'intelligence moyenne de la vérité – la vérité est concordance entre l'énoncé et la chose – est donc la liberté. Le troisième et dernier pas de la connaissance d'essence est donc franchi et nous parvenons ainsi au fondement de l'essence de la vérité : *l'essence de la vérité est la liberté*[1].

Pour soutenir cette thèse, Heidegger va devoir interroger l'essence de la liberté. La philosophie trouve la liberté dans le domaine de la volonté, de l'action pratique. La vérité passerait-elle du domaine théorique au domaine pratique ? Selon ce qui a été dit, la liberté règne comme l'essence de *tout* comportement, même lorsqu'il s'agit de l'énonciation logique. Cela pourrait paraître une évidence si on considérait simplement que toute action – même l'énonciation d'une proposition – appartient en dernière analyse à l'agir libre. Mais la thèse ne dit pas seulement cela. Elle dit : la liberté est l'essence de la vérité elle-même, elle en est la constitution d'essence.

Or, situer l'essence de la vérité dans la liberté, cela ne revient-il pas à en faire une simple propriété humaine, c'est-à-dire à la sacrifier à l'inconstance du domaine humain ? Que l'homme soit le foyer de l'erreur et de la fausseté, tout le monde peut l'admettre. Mais la vérité, elle, a toujours valu en philosophie comme l'impérissable, l'éternel. Certes, la thèse

---

1. Pour bien souligner que nous n'en sommes encore qu'à une étape préliminaire, l'édition de 1949 corrigeait celle de 1943 et reformulait ainsi cette thèse : « *l'essence de la vérité, comprise comme rectitude de l'énoncé, est la liberté* » (*GA* 9, p. 186).

dit bien que l'essence de la vérité est la liberté, mais elle ne dit pas que la liberté soit une simple propriété de l'homme. Les trois pas qui ont été faits en vue de la connaissance d'essence ont procuré ce que Heidegger appelle la *saisie d'essence* (*Wesensbemächtigung*), permettant de déterminer que l'essence de la vérité est la liberté. Mais rien n'a été dit sur la liberté. Il s'agit donc d'avancer maintenant dans le second stade de la connaissance d'essence que Heidegger appelle *l'habilitation d'essence* (*Wesensermächtigung*)[1].

IV. L'ESSENCE DE LA LIBERTÉ

Lorsque le sens commun affirme que la liberté – et, par conséquent, la vérité – est une propriété de l'homme, celui-ci possède d'avance une idée bien déterminée de ce qu'est l'homme. Ainsi, avant d'interroger l'essence de la liberté, une question sur l'homme devrait être posée. Mais les choses ne sont pas ainsi, car vérité et liberté ne sont pas des propriétés de l'homme. L'homme n'est pas le détenteur et le possesseur de la liberté et de la vérité. C'est bien plutôt l'inverse qui est vrai.

Heidegger est parvenu au concept de liberté en montrant que le comportement ne peut se conformer à quelque chose qu'en laissant-être-contraignant ce quelque chose envers lequel il se comporte. Mais qu'est-ce exactement qui devient contraignant ? Rien d'autre que l'étant envers lequel le comportement se comporte. Or, l'étant, pour devenir contraignant, doit tout d'abord se manifester comme étant. Dans le comportement, le

1. Après la conquête (*Bemächtigung*) de l'essence, il s'agit maintenant d'habiliter (*ermächtigen*) cette essence, c'est-à-dire la rendre apte à exercer sa fonction d'essence de la vérité en lui octroyant un contenu.

rendre-manifeste doit donc devancer le laisser-être-contraignant. Cependant, rendre l'étant manifeste en tant qu'étant, cela ne signifie rien d'autre que laisser l'étant être ce qu'il est et le laisser être de la façon dont il l'est (*das Seiende sein lassen, das es ist und wie es ist*). Pour que l'étant devienne manifeste, le comportement doit donc toujours déjà être lié à ce laisser-être de l'étant (*Seinlassen von Seiendem*).

Ici, « laisser-être » ne signifie cependant pas renoncer à quelque chose ou encore ne pas s'occuper de quelque chose. L'expression doit être prise en un sens plus large et plus originaire, au sens du *laisser-être l'étant en tant qu'étant*. Il ne s'agit pas de renoncer à quelque chose mais bien laisser quelque chose gagner en force et en mesure sur nous, en tentant de le préserver tel qu'il veut et doit être. Dans ce laisser-être de l'étant advient ce que nous pouvons appeler le non-retiré (*das Unverborgene*)[1], ce que la philosophie occidentale a appelé ἀλήθεια et que nous traduisons normalement par « vérité ». Ce n'est donc pas l'étymologie du mot mais bien le déploiement de l'essence de la concordance qui nous permet de découvrir que ce que nous nommons normalement « vérité » n'est rien d'autre que le dé-voilement (Ent-borgenheit) de l'étant comme tel. C'est dans le laisser-être que ce dé-voilement de l'étant advient, rendant l'étant manifeste et le laissant être contraignant. Le rendre-manifeste et le laisser-être-contraignant ne constituent finalement qu'un seul et même phénomène. Le laisser-être de l'étant rend l'étant manifeste, mais laisse aussi importer le fait que l'étant soit ainsi plutôt qu'ainsi et qu'il soit plutôt que de n'être pas. Le laisser-être de l'étant laisse donc être l'étant tel qu'il est en s'élevant au milieu de

1. C'est ainsi déjà que Heidegger traduisait déjà ἀληθές dans *Sein und Zeit* (*SZ*, p. 33).

l'étant, à partir de lui et contre lui. Mais la notion du laisser-être ne prétend pas ici « rabaisser » l'étant, mais souhaite plutôt souligner que notre rapport à l'étant relève d'une « retenue » de notre part et qui permet à l'étant d'être ce qu'il est et comment il est. Or, cette attitude n'en pas une de repli sur soi inactif. Au contraire, cette attitude devance toute chose pour exposer l'étant à la lumière du jour. Cette exposition de l'étant qui advient à même l'étant, voilà ce que Heidegger considère être la liberté dans laquelle l'étant se libère pour lui-même. Cet être-exposé (*Ausgesetztheit*) de l'homme face à l'étant qui advient dans la liberté, voilà ce que Heidegger appelle maintenant l'ek-sistence (*Ek-sistenz*) [1].

La liberté n'est donc pas ce que le sens commun fait circuler sous ce nom, soit le pouvoir de faire ou de ne pas faire, ou le pouvoir de commencer par soi-même une série d'événements. La liberté est plutôt l'événement de l'existence comprise comme exposition à l'étant. Ainsi, cette liberté n'est pas la liberté humaine, mais plutôt celle du *Dasein*, c'est-à-dire celle de l'homme qui se libère dans le laisser-être de l'étant. Or, écrit Heidegger, cette libération est une libération qui a commencé à la naissance de la philosophie. C'est dans cette libération que s'est dévoilée la nature au sens originaire (φύσις). Le premier philosophe serait donc ce premier homme à s'être levé contre l'étant afin de le laisser être comme tel. Cette naissance de la philosophie est en même temps l'événement du commencement de l'histoire et de la manifestation de

1. Le dactylogramme sur lequel nous nous basons donne différentes orthographies du mot « existence » : *Existenz* ou *Ek-sistenz*. Il nous est impossible de déterminer si Heidegger a lui-même épelé les mots dans le cadre de la conférence ou si celui qui a rédigé ou retranscrit le texte s'est parfois inspiré de l'édition de 1943 qui donnait *Ek-sistenz*.

la nature. Depuis cet événement, nous nous tenons dans cette histoire.

Si la liberté doit être comprise comme la libération du *Dasein* exposé à l'étant, alors ce n'est pas l'arbitraire humain qui dispose de la liberté, ce n'est pas l'homme qui « possède » la liberté comme une propriété, mais c'est bien plutôt la liberté, en tant que *Dasein*, qui possède l'homme de façon originaire. Ce n'est que par cette libération que l'homme peut déployer l'essence « questionnante » qui est la sienne. C'est ainsi que l'on peut affirmer que la liberté est l'essence de la vérité comprise comme l'être-exposé de l'homme à l'étant manifeste. Ce n'est qu'à partir du moment où la philosophie advient que l'homme peut *exister*, c'est-à-dire *être* dans la vérité, exposé à la manifestation de l'étant comme tel.

Mais puisque la vérité est comprise à partir de la liberté, l'homme doit aussi avoir la possibilité de ne pas laisser l'étant être ce qu'il est et comment il est. C'est ainsi que l'étant peut aussi être recouvert, dissimulé, retiré, non vrai[1]. Contrairement à ce que Heidegger avait tout d'abord affirmé, il semble que l'on ne puisse pas laisser la non-vérité de côté, comme s'il s'agissait de quelque chose de non essentiel. Dans la mesure où la vérité appartient à la liberté comprise comme laisser-être, on ne peut aucunement omettre cette référence essentielle à la non-vérité, c'est-à-dire à la non-essence (*Unwesen*) de la vérité.

L'habilitation d'essence de la vérité doit passer par une récupération de cette non-essence que la philosophie a toujours omise. L'introduction de la non-essence dans l'essence

---

1. *Verdeckt, verstellt, verborgen, un-wahr.* Heidegger employait les mêmes trois premiers termes pour parler de la fermeture de l'étant intramondain dans *Sein und Zeit* (*SZ*, p. 222). L'édition de 1943 ne garde que *verdeckt* et *verstellt* (*GA* 9, p. 191).

appartient en propre à la seconde étape de la connaissance
d'essence que Heidegger appelle l'habilitation d'essence et
qu'il s'agit maintenant d'accomplir.

V. L'ESSENCE DE LA VÉRITÉ

Tout comportement humain se dirige sur l'étant et se meut
donc dans un laisser-être de l'étant. Mais tout comportement
est toujours aussi inséré dans l'étant dans son ensemble (*in
das Seiende im Ganzen*), dont la manifestation ne reste le plus
souvent qu'implicitement connue pour le *Dasein*. Comme
Heidegger l'a défendu dans les textes de l'époque, « l'étant
dans son ensemble » ne correspond d'aucune façon à la
somme du tout de l'étant que l'on obtiendrait en accumulant
des connaissances à son sujet. Ce « dans son ensemble » est
modelé et configuré d'avance par le laisser-être afin d'y
insérer tout comportement. Mais bien qu'il soit configuré par
le laisser-être, le « dans son ensemble » est imprévisible et ne
peut être appris. On ne peut en effet le définir à partir de l'étant
manifeste, à partir de la nature ou de l'histoire. Il entoure le
Dasein mais n'est jamais déterminé ni déterminable. C'est que
la fonction du laisser-être est de rendre à chaque fois manifeste
l'étant à partir de l'étant, dans un comportement individuel, ce
qui laisse toujours l'étant dans son ensemble voilé. Tout en
dévoilant l'étant, le laisser-être voile l'étant dans son ensemble.

Si Heidegger a suivi, depuis le début de la conférence, des
voies qui sont assez familières des lecteurs de *Sein und Zeit* et
des textes qui ont suivi immédiatement l'*Hauptwerk*, le ton
change considérablement à partir d'ici. C'est d'ailleurs ce
que Heidegger soulignait lui-même dans son exemplaire de
l'édition de 1943 en notant dans la marge : « Entre la partie 5

[L'essence de la vérité] et la partie 6 [La non-vérité comme retrait], le saut dans le tournant s'essencifiant dans l'*Ereignis*»[1]. D'ailleurs, exception faite de quelques ajouts et de quelques modifications dans le vocabulaire employé, le texte de l'édition de 1943 suit à partir d'ici celui de la conférence de 1930. Comme nous le verrons, la conclusion a cependant été modifiée.

VI. La non-vérité comme retrait

Ainsi, le voilement de l'étant dans son ensemble, son retrait, n'est pas la conséquence de notre connaissance seulement partielle de l'étant individuel. Il est, selon ce qu'affirme Heidegger, plus originaire et plus ancien que toute manifestation de l'étant individuel. Mais en laissant en retrait l'étant dans son ensemble, qu'est-ce que le laisser-être laisse caché exactement? Heidegger affirme que c'est le retrait de ce qui se retire (*die Verborgenheit des Verborgenen*), c'est-à-dire le mystère (*Geheimnis*). Le mystère se réfère ici au fait que, pour le *Dasein*, le retrait de l'étant de l'étant dans son ensemble est complet.

Dans le laisser-être qui voile tout en dévoilant l'étant, le *Dasein* est transi de mystère. Le mystère, ce voilement le plus ancien de l'étant dans son ensemble, constitue la non-vérité essentielle, c'est-à-dire la non-essence véritable de la vérité. La liberté, qui s'est présentée au cours de la conférence comme l'essence de la vérité, se montre maintenant comme un être-ouvert au mystère. À ce sujet, Heidegger cite le *Tao Te King* de

1. «Zwischen 5. und 6. der Sprung in die (im Ereignis wesende) Kehre» (*GA* 9, p. 193, note a).

Lao-tseu : « Celui qui connaît sa clarté se voile dans son obscurité »[1]. Mais bien qu'il soit ouvert à ce mystère du voilement de l'étant dans son ensemble, l'homme s'en tient généralement à la manifestation de l'étant particulier envers lequel il se comporte, étant qu'il connaît et qui est susceptible d'être dominé. Et lorsqu'il tente de sonder la manifestation de l'étant vers les domaines les plus variés de son action, ce sont alors ses nécessités et ses désirs qui lui imposent des directives. De cette façon, l'homme refuse de laisser régner le retrait de l'étant dans son ensemble. Le mystère qui transit le *Dasein* est oublié par le *Dasein*.

Cet oubli ne liquide pas le mystère, mais lui octroie bien plutôt la force propre à l'impuissance apparente. Cependant, le *Dasein* s'en tient à ce qui est habituel et prend sa propre mesure sur l'étant qu'il peut dominer. En oubliant le mystère, le *Dasein* ek-sistant en est réduit à sub-sister (*be-stehen*), à in-sister (*in-sistieren*)[2]. Exposé ek-sistentiellement à l'étant, le *Dasein* in-siste sur ce qui est immédiatement habituel. Le mystère règne néanmoins sur cette existence insistante, mais en tant que mystère oublié, en tant que non-essence de la vérité.

---

1. Heidegger cite ce texte dans la traduction allemande de Victor von Strauss (Leipzig, 1924), chapitre XXVIII, p. 140. La même citation est reprise dans la conférence *Grundsätze des Denkens* de 1957 (*GA* 79, p. 93).

2. Ici, Heidegger joue sur l'étymologie du verbe *existieren* qui évoque l'existence excentrique (*ex-* ou *ek-*) du *Dasein* authentique et forme le néologisme *in-sistieren* qui, de son côté, se réfère au *Dasein* centré, vers l'intérieur (*in-*), sur ses petites préoccupations et sourd au mystère de l'étant dans son ensemble. Dans la mesure où les verbes « insister » et *insistieren* ont le même sens en français et en allemand, il est inutile de chercher un néologisme pour traduire le verbe allemand.

VII. La non-vérité en tant qu'errance

Bien que le *Dasein*, en insistant, est toujours tourné vers l'étant le plus immédiat et le plus courant, Heidegger souligne qu'il ne saurait insister s'il n'existait tout d'abord; cela signifie, pour le *Dasein*, s'il ne laissait pas tout d'abord l'étant (celui-ci ou celui-là) être contraignant. C'est donc le laisser-être qui permet à la fois au *Dasein* de se tourner (de manière insistante) vers les choses courantes et de se détourner (de manière existante) du mystère. Ce va-et-vient propre à la méprise du *Dasein*, Heidegger l'appelle l'errance (*die Irre*).

L'errance n'est pas une chose dans laquelle le *Dasein* tomberait de temps à autre, mais appartient bien plutôt à la constitution interne du *Dasein*. L'errance, c'est cet espace de jeu dans lequel le *Dasein* se détourne du mystère et se tourne vers ce à quoi le *Dasein* s'en tient. Par rapport au mystère qui constitue la non-vérité authentique, l'errance est cette non-vérité qui a chuté et qui est devenue non essentielle, inauthentique. L'errance se présente sous plusieurs formes – on se trompe, on commet des bévues, on se perd, on fait des erreurs de calculs – au nombre desquelles on doit compter la fausseté de l'énoncé. Cette fausseté, la philosophie la reconnaît comme l'erreur en un sens éminent, mais elle n'est en réalité qu'une manière bien secondaire d'errer.

L'errance n'est donc pas quelque chose qui advient de temps à autre dans l'existence de l'homme, mais bien une chose qui appartient à la constitution interne du *Dasein*, c'est-à-dire à la manière dont le *Dasein* est saisi en son être par l'être lui-même. Or, l'errance ouvre aussi la possibilité pour l'homme de ne pas se laisser égarer, de ne pas se méprendre au sujet du mystère du *Dasein*. Dans son existence, l'homme est assujetti à la fois à la non-vérité authentique (la puissance du mystère) et à la non-vérité inauthentique (la menace de l'errance). Le *Dasein* oscille entre ces deux non-vérités, dans la tendance de l'une vers l'autre. Le *Dasein* se situe ainsi dans la détresse de la contrainte (*in der Not der Nötigung*) qui le pousse vers la non-vérité inauthentique. C'est dans la mesure où le *Dasein* est tourné vers la détresse (*wendig zur Not*) qu'advient en lui la nécessité, c'est-à-dire l'inclination à la détresse (*Not-wendigkeit*).

Dans cette section, Heidegger a tenté d'introduire la non-essence dans l'essence de la vérité. Pour lui, on ne pourrait saisir l'essence d'une chose sans aussi tenir compte de la non-essence de cette chose. Car dans l'essence même, affirme Heidegger, s'essencifie aussi le non-essentiel (*Im Wesen selbst west das Unwesentliche*). Ainsi, si l'essence de la vérité est la liberté, elle doit aussi en soi être nécessité. C'est ainsi que nous devons comprendre cette *habilitation d'essence* qui permet de saisir la pleine essence d'une chose : comme l'introduction (*Einlaß*) de la non-essence dans l'essence.

VIII. LA QUESTION DE LA VÉRITÉ ET LA PHILOSOPHIE

Pour conclure la conférence, Heidegger se demande ce que signifie précisément laisser que la pleine essence de la vérité devienne essentielle. Après l'étape que Heidegger appelle l'habilitation d'essence, nous avons vu que l'essence de la vérité devait être comprise comme la liberté en soi nécessaire (*die in sich not-wendige Freiheit*), ce qui signifie donc aussi ici, comme la liberté « tournée vers la détresse ». Le laisser-être de l'étant dont il a été question doit lui aussi devenir essentiel et s'ouvrir au mystère, c'est-à-dire entrer dans une confrontation avec l'égarement de l'errance qui permette de reprendre la non-essence de la vérité dans l'essence de la vérité. C'est lorsque le *Dasein* se libère et s'engage pour l'ouverture de l'étant comme tel que cela peut advenir. Et cela advient lorsque le *Dasein* met en œuvre une recherche sur ce qu'est l'étant comme tel et l'étant dans son ensemble, c'est-à-dire en questionnant l'être de l'étant. La véritable libération du *Dasein* envers la liberté est donc le questionnement sur l'être, c'est-à-dire la philosophie.

D'après ce qui vient d'être dit, comment devons-nous finalement interroger l'essence? Heidegger donne une réponse tout à fait nouvelle : c'est la *vérité de l'être* conquise à chaque fois par nous qui doit en décider[1]. Dans le cadre de cette conférence, le philosopher a saisi la liberté comme la possibilisation (*Ermöglichung*) de l'essence de la vérité. C'est ainsi qu'advient ce qu'exprime la phrase «La liberté vous rendra vrais»[2].

Mais dans l'instant universel – dont il a été question plus tôt et dans lequel la philosophie commence – apparaît aussi la domination du sens commun. Le sens commun a en effet le même âge que la philosophie. C'est pourquoi l'interrogation sur l'être propre à la philosophie est aussi comprise comme une attaque portée contre le sens commun. Cette question que Heidegger se pose ne cherche pas à plier correctement les choses de telle sorte que l'on puisse arriver à un compro-

---

1. Certes, *Sein und Zeit* parlait déjà d'une certaine *veritas transcendentalis* correspondant à l'ouverture de l'être (*SZ*, p. 38), l'essai sur le fondement de 1929 parlait quant à lui d'une « vérité ontologique » ou encore de la « vérité de la compréhension de l'être » (*GA* 9, p. 131 *sq.* et 160), mais c'est dans cette conférence de 1930 que l'idée d'une « vérité de l'être », vouée à un long avenir, apparaît pour la première fois.

2. Heidegger inverse ici l'ordre et le sens de la sentence du Nouveau Testament « La vérité vous rendra libres » (Jean 8, 32).

mis avec l'opinion commune. Il n'est pas question ici d'un pli mais plus précisément d'un bri[1]. La philosophie réunit ce qui est divisé, elle est l'occasion de la douceur que le retrait de l'étant dans son ensemble tient ouverte. Elle est la force du questionnement qui attaque l'étant et le fait basculer dans le dévoilement.

Comme dans l'édition de 1943, Heidegger conclue sa conférence en évoquant le *Fondement de la métaphysique des mœurs* de Kant. «Dans la douce rigueur et la rigoureuse douceur du questionnement sur l'être de l'étant comme tel et dans son ensemble», dit Heidegger, le *Dasein* cherche, grâce à la philosophie, à se recueillir sur soi et laisser se déployer la liaison la plus intime de l'être. Et Heidegger conclue en affirmant que c'est pour cela que Kant a écrit, au sujet de la philosophie : «Nous voyons ici la philosophie occuper en fait une position scabreuse qui doit être affermie sans qu'elle puisse trouver, ni dans le ciel ni sur la terre, quelque chose à quoi se rattacher ou sur quoi s'appuyer. Elle doit manifester ici sa pureté en se faisant la garante de ses propres lois, et non pas le héraut de celles que lui inspire un sens inné ou je ne sais quelle nature tutélaire… »[2].

---

1. D'après les souvenirs de Heinrich Wiegang Petzet, c'est sur cette phrase que s'achevait la conférence prononcée à Brême le 8 octobre 1930 (*Auf einen Stern zu gehen*, *op. cit.*, p. 24).

2. Kant, *Grundlegung zur Metaphysik der Sitten*, *Akademieausgabe* IV, p. 425 ; trad. p. 103-104.

L'HISTOIRE DE L'ÊTRE EN 1930

Le chemin que nous avons parcouru dans l'itinéraire heideggérien depuis janvier 1929 jusqu'à décembre 1930 nous a conduit depuis l'élaboration claire d'une « métaphysique du *Dasein* » à la découverte de la vérité de l'être. C'est en effet dans les derniers moments de la conférence de décembre 1930 que Heidegger affirmera pour la première fois qu'il revient *à la vérité de l'être* de décider de la façon dont on interrogera l'essence. Pour l'auditeur qui connaissait *Sein und Zeit* et *Kant und das Problem der Metaphysik*, mais qui n'avait jamais lu le *Brief über den "Humanismus"*, cette affirmation ne pouvait qu'étonner.

Certes, la conférence déploie la question de la vérité selon un schéma qui n'est pas étranger à *Sein und Zeit*, soit en tentant de montrer que l'essence de la vérité ne se manifeste pas d'abord dans l'énonciation et dans l'adéquation entre l'énoncé et la chose, mais de façon plus originaire dans les comportements du *Dasein* et, ultimement, dans sa liberté. Mais dans l'étape qu'il appelle « l'habilitation de l'essence », Heidegger introduit la non-essence dans l'essence de la vérité et lance ainsi sa pensée sur des chemins encore inconnus de l'ontologie fondamentale et de la métaphysique du *Dasein*. Ce nouveau chemin initié à la fin de l'année 1930 est celui qui mènera au projet d'un dépassement de la métaphysique [1].

Lorsqu'en 1937 ou 1938, Heidegger jeta un regard rétrospectif sur le « chemin » qu'il avait parcouru jusqu'alors, il insista sur plusieurs moments importants. Sur ce chemin, jamais « prévu » (*vorausgewußt*), parsemé de revers (*Rückschlägen*) et d'errements (*Irrgängen*), Heidegger insiste sur l'importance des conférences et des leçons données et indique que ce qu'il y a de plus important pour comprendre le déploiement de la question depuis *Sein und Zeit*, ce sont les cours donnés entre le semestre d'hiver 1930/31 et celui d'hiver 1936/37 [2]. Heidegger indique donc ici clairement que les cours qui précèdent la leçon sur la *Phénoménologie de l'esprit* se trouvent encore sous la tutelle de l'ontologie fondamentale.

Cette coupure dans le *corpus* correspond à l'abandon de la métaphysique du *Dasein* qui poursuivait sur une voie métaphysique le projet d'une ontologie de l'existence humaine qui puisse se présenter non pas comme une ontologie régionale mais bien comme la *fondation* du questionnement sur l'étant comme tel. Comme nous l'avons mentionné, Heidegger évoque la « métaphysique du *Dasein* » pour la dernière fois à l'été 1930.

---

1. Lorsqu'il publia la conférence sur l'essence de la vérité chez Klostermann en 1943, Heidegger inclua une courte note explicative dans laquelle il écrit : « En apparence, la pensée se tient [dans cette conférence] sur la voie de la métaphysique, mais accomplit à son étape décisive – qui conduit de la vérité comme conformité à la liberté ek-sistente et de celle-ci à la vérité comme dissimulation et errance – une transformation qui appartient au *dépassement* de la métaphysique » (*GA* 9, p. 201-202). Ainsi, cette conférence appartiendrait déjà au projet d'un dépassement de la métaphysique qui est le propre des textes écrits à partir du milieu des années 1930.

2. *Besinnung*, *GA* 66, p. 422.

La distance qui sépare la conférence de mars 1930 et le cours de l'hiver 1930/31 portant tous deux sur Hegel est étonnante. Alors que *Hegel und das Problem der Metaphysik* est encore à la recherche d'une voie pour refonder la métaphysique, l'interprétation de la *Phénoménologie de l'esprit* donnée quelques mois plus tard a déjà relégué la métaphysique au passé de la philosophie. La pensée métaphysique se présente dans les cours qui suivent comme cette façon de philosopher que la pensée de l'être doit justement dépasser. Si la conférence de mars 1930 parlait encore de reprendre (*wiederholen*) la question de la métaphysique, Heidegger parle déjà dans le cours de l'été 1932 de la dépasser (*überholen*) « dans la direction de ses origines et interrogations propres » [1]. Il reconnaît alors indirectement qu'il avait été quelque peu « envoûté » par l'idée de la métaphysique : « Savons-nous en effet ce que peut bien être cela que nous nommons si ordinairement "métaphysique"? Non. Nous succombons aujourd'hui à la magie de ce mot avec ses airs de profondeur et de rédemption » [2]. Alors que *Sein und Zeit* se présentait comme une attaque portée contre « notre époque » (*unsere Zeit*) qui réaffirmait la métaphysique, ici, le « nous » semble aussi inclure ce projet récemment abandonné d'une métaphysique du *Dasein*.

Dans ses écrits phénoménologiques et métaphysiques, Heidegger ne lit jamais les textes appartenant à la tradition philosophique dans le but de dépasser ou de surmonter la philosophie. Par opposition au « recul destructeur » (*abbauender Rückgang*), le « pas en arrière » (*Schritt zurück*) propre aux textes plus tardifs peut être décrit suivant une volonté de

---

1. *Aristoteles, Metaphysik θ, 1-3. Von Wesen und Wirklichkeit der Kraft*, *GA* 33, p. 81-82.
   2. *Ibid.*, p. 3.

prendre ses distances de la tradition. Or, au fondement de ce
changement de perspective se tient une transformation dans la
façon qu'a Heidegger de comprendre l'histoire [1].

Avec le projet d'une « histoire de l'être » déployé à partir
du milieu des années 1930, Heidegger ne pense plus l'histoire
de la philosophie à partir du caractère historique du *Dasein*, de
son historicité, mais bien à partir d'une histoire *de* l'être, c'est-
à-dire non plus une histoire écrite au sujet de l'être (génitif
objectif), comme l'était encore « l'histoire de l'ontologie
traditionnelle » de *Sein und Zeit*, mais bien une histoire qui
appartient à l'être (génitif subjectif), voire même une histoire
qui se présente *comme être* [2]. Avec l'histoire de l'être, le
« dernier » Heidegger souhaite élaborer une nouvelle forme
d'histoire, une histoire qui excèderait l'histoire humaine et qui
s'éloignerait de toute conception de l'histoire établie sur des
critères anthropocentriques.

Or, l'instance qui domine l'histoire de l'être n'est plus le
travail des penseurs, mais bien ce que Heidegger appellera
le « destin » (*Geschick*) de l'être lui-même qui se donne ou
se refuse et que chaque penseur tente d'amener à la parole.
Certes, il n'est pas encore question du *destin de l'être* dans les
écrits du premier Heidegger, mais on peut soutenir, comme
Heidegger le fera en 1953 dans la conférence intitulée *Die
Frage nach der Technik*, qu'un tel concept avait déjà été
pressenti. Dans cette conférence, Heidegger expose la concep-

---

1. À ce sujet, voir la dernière partie de notre étude « De la différence entre
l'histoire comme événement et l'histoire comme science chez Heidegger »,
Klêsis. Revue philosophique, 2010/15, p. 119-124.

2. Heidegger écrivait en 1941 : « L'histoire de l'être n'est ni l'histoire de
l'homme et d'une humanité, ni l'histoire du rapport humain à l'étant et à l'être.
L'histoire de l'être est l'être lui-même et lui seul » (*Die Erinnerung in die
Metaphysik*, dans *Nietzsche II*, *GA* 6.2, p. 447 ; trad. p. 398).

tion de l'histoire qui est alors la sienne et souligne que c'est à partir du *destin* que « se détermine l'essence de toute histoire ». Ce qui est historique (*geschichtlich*), écrit-il alors, ne peut l'être que s'il est tout d'abord destinal (*geschicklich*)[1]. Or, pour expliciter cette référence au destin de l'être, Heidegger renvoie à la conférence *Vom Wesen der Wahrheit* dont la première version date, comme nous l'avons vu, de 1930.

Certes, la conférence sur laquelle nous nous sommes penchés dans cette étude n'évoque pas cette idée d'un destin de l'être. Néanmoins, Heidegger y déploie un nouveau concept d'histoire qui situe le commencement de l'histoire au moment où la philosophie prend naissance et où l'être est interrogé pour la première fois. Comme nous l'avons vu, Heidegger évoque en effet un « moment universel » dans lequel le *Dasein* laisse être l'étant pour la première fois, permettant à la nature de se dévoiler comme φύσις. Ainsi, cette première manifestation de la nature coïnciderait dans le temps avec l'apparition de la philosophie mais aussi avec le commencement de l'histoire.

Cette idée selon laquelle l'histoire, entendue en son essence le plus propre comme histoire de l'être, commence là où le philosophe interroge l'étant eu égard à son être, mais surtout là où l'être se donne pour la première fois – comme φύσις – apparaît donc déjà ici dans la conférence de 1930. L'interprétation de la nature comme φύσις, puis de l'être comme ἰδέα ou comme ἐνέργεια ne surgirait donc pas d'une volonté de comprendre ou de mieux comprendre propre aux philosophes, mais bien de la façon qu'a l'être de se donner, de l'envoi de l'être qui, à chaque époque, fait être l'étant selon

1. *GA* 7, p. 25.

une guise propre. Cette interprétation de l'histoire comme d'un cours dont le destin n'est pas l'œuvre de l'homme mais de l'être ou de la vérité de l'être trouve donc ses racines dans cet *événement initial* évoqué en 1930 et dans lequel la nature se manifeste pour la première fois comme φύσις.

À partir de l'hiver 1930/31, Heidegger cessera de présenter devant ses étudiants ses propres projets philosophiques – herméneutique de la facticité, ontologie fondamentale ou métaphysique du *Dasein* – pour se consacrer à une lecture serrée des textes fondateurs de la tradition philosophique, soit ceux d'Aristote, de Platon, de Parménide et d'Anaximandre. Comme il l'écrit à Jaspers en décembre 1931, son rôle se résume désormais à celui d'un surveillant de galerie « qui a entre autres à faire attention que les rideaux aux fenêtres soient ouverts et fermés de manière correcte, afin que les quelques grandes œuvres de la tradition aient, pour les spectateurs qui s'y pressent d'aventure, un éclairage tant soit peu convenable ».

C'est dans les coulisses que se déploiera alors la pensée de Heidegger, c'est-à-dire dans des manuscrits voués à n'être publiés qu'après la mort de l'auteur et dans les fameux « cahiers noirs » dont la publication attendra encore longtemps.

BIBLIOGRAPHIE

I. Le *corpus* heideggérien (janvier 1929/décembre 1930) [1]

1929

WS 1928/29	cours	Einleitung in die Philosophie [*GA* 27]
	séminaire	Phänomenologische Übungen für Anfänger : Kant, *Grundlegung zur Metaphysik der Sitten* [*GA* 84, inédit]
	séminaire	Phänomenologische Übungen für Fort- geschrittene : Die ontologischen Grundsätze und das Kategorienproblem
	document	« Heideggers Marginalien zu Mischs Auseinandersetzung mit der phänomeno- logischen Ontologie » [*Dilthey-Jahrbuch*, 1999-2000/12, p. 187-221]
	lettre	Hans-Georg Gadamer (*Philosophische Lehrjahre*, p. 217)
24 janvier	conférence	Philosophische Anthropologie und Metaphysik des Daseins [*GA* 80, inédit]
27 janvier	lettre	Lettre n° 31 à Rudolf Bultmann

1. Les abréviations SS et WS sont employées pour désigner respectivement les semestres d'été (*Sommersemester*, de mai à juillet) et d'hiver (*Wintersemester*, de novembre à février).

3 février	lettre	Karl Löwith (extraits dans *Heidegger – Denker in dürftiger Zeit. Zur Stellung der Philosophie im 20. Jahrhundert, Sämtliche Schriften* 8, Stuttgart, J.B. Metzlersche Verlagsbuchhandlung, 1984, p. 279)
24 février	lettre	« Glückwünsche an Hans Spemann » [*GA* 16]
12 mars	lettre	Lettre n° 2 à Julius Stenzel (*Heidegger's Studies*, 2000/16, p. 14)
17-27 mars	conférences	I. Kants *Kritik der reinen Vernunft* und die Aufgabe einer Grundlegung der Metaphysik (Davos) II. Davoser Disputation zwischen Ernst Cassirer und Martin Heidegger (des résumés en sont tout d'abord parus dans la *Davoser Revue – Revue de Davos*, IV, 7, 15 avril 1929) [*GA* 3]
21 mars	lettre	Lettre à Elfride (« *Mein liebes Seelchen!* », p. 160-161)
23 mars	lettre	Lettre à Elfride (« *Mein liebes Seelchen!* », p. 161-162)
26 mars	lettre	Lettre à Elfride (« *Mein liebes Seelchen!* », p. 162)
8 avril	publication	*Vom Wesen des Grundes* [*GA* 9]
	document	« Edmund Husserl zum siebzigsten Geburtstag » (tout d'abord paru dans les *Akademische Mitteilungen*, 4ᵉ série, n° 3, Freiburg, 14 mai 1929) [*GA* 16]
9 avril	lettre	Lettre n° 34 à Rudolf Bultmann
12 avril	lettre	Lettre n° 21 à Elisabeth Blochmann
14 avril	lettre	Lettre n° 82 à Karl Jaspers
SS 1929	cours	Der deutsche Idealismus (Fichte, Schelling, Hegel) und die philosophische Problemlage der Gegenwart [*GA* 28]
	séminaire	Einführung in das akademische Studium [*GA* 28]

	séminaire	Übungen für Anfänger: Idealismus und Realismus im Anschluß an die Hauptvorlesungen (Hegels "Vorrede" zur *Phänomenologie des Geistes*) [*GA* 86, inédit]
	séminaire	Übungen für Fortgeschrittene: Vom Wesen des Lebens mit besonderer Berücksichtigung von Aristoteles, *de anima, de animalium motione* und *de animalium incessu*
mai	publication	*Kant und das Problem der Metaphysik*, Francfort-sur-le-Main., Klosterman [*GA* 3]
25 juin	lettre	Lettre n° 84 à Karl Jaspers
24 juillet	conférence	Was ist Metaphysik? (Freiburg) [*GA* 9]
30 juillet	lettre	Lettre n° 87 à Karl Jaspers
25 août	lettre	Lettre n° 3 à Julius Stenzel
3 septembre	lettre	Karl Löwith (extraits dans *Heidegger – Denker in dürftiger Zeit*, p. 277)
12 septembre	lettre	Lettre n° 22 à Elisabeth Blochmann
2 octobre	lettre	Victor Schwoerer (dans Ulrich Stieg, « Die Verjudung des deutschen Geistes », *Die Zeit*, 22 décembre 1989)
8 octobre	lettre	Lettre n° 88 à Karl Jaspers
début octobre	conférence	Was ist Metaphysik? (Frankfurt)
18 octobre	lettre	Lettre n° 90 à Karl Jaspers
WS 1929/30	cours	Die Grundbegriffe der Metaphysik. Welt – Endlichkeit – Einsamkeit [*GA* 29/30]
	séminaire	Übungen für mittler und fortgeschrittene Semester: Über Gewißheit und Wahrheit im Anschluß an Descartes und Leibniz
	document	« Unbenutzte Vorarbeiten zur Vorlesung vom Wintersemester 1929/30: *Die Grundbegriffe der Metaphysik. Welt – Endlichkeit – Einsamkeit* » [*Heidegger Studies*, 1991/7, p. 5-12]
17 novembre	lettre	Lettre n° 37 à Rudolf Bultmann
23 novembre	lettre	Lettre n° 4 à Julius Stenzel
1er décembre	lettre	Lettre n° 92 à Karl Jaspers

4 décembre	conférence	Die heutige Problemlage der Philosophie (Karlsruhe) [*GA* 80, inédit] [1]
5 décembre	conférence	Was ist Metaphysik ? (Heidelberg)
18 décembre	lettre	Lettre n° 23 à Elisabeth Blochmann
Noël	publication	*Was ist Metaphysik ?*, Bonn, Cohen [*GA* 9]
	document	« Ankundigung (Was ist Metaphysik ?) » [*GA* 14]
31 décembre	lettre	Lettre n° 5 à Julius Stenzel

1930

15 janvier	lettre	Lettre n° 39 à Rudolf Bultmann
12 mars	lettre	Lettre à Elfride (« *Mein liebes Seelchen!* », p. 163)
21 mars	conférence	Die heutige Problemlage der Philosophie (Amsterdam)
22 mars	conférence	Hegel und das Problem der Metaphysik (Amsterdam) [texte bilingue (trad. fr. par François Vezin) paru dans Hadrien France-Lanord et Fabrice Midal (éds.), *La fête de la pensée. Hommage à François Fédier*, Paris, Lettrage Distribution, 2001, p. 16-62] [*GA* 80, inédit]
29 mars	lettre	Lettre n° 96 à Karl Jaspers
1er avril	lettre	Lettre n° 99 à Karl Jaspers
2 avril	lettre	Lettre n° 100 à Karl Jaspers

1. Selon Theodore Kisiel et à l'encontre de ce que le prospectus de la *Gesamtausgabe* indique, c'est plutôt la conférence « Was ist Metaphysik ? » que Heidegger aurait alors prononcée (*The Genesis of Heidegger's Being & Time*, *op. cit.*, p. 561-562). La lettre à Elisabeth Blochmann du 18 décembre 1929 sur laquelle se base Kisiel ne nous semble cependant pas aussi tranchée : « Ces deux mois ont été quelque peu mouvementés, sans compter deux conférences à Karlsruhe et à Heidelberg, où j'ai fait ma conférence de métaphysique ». Rien n'exclut que la dernière partie de la phrase ne se réfère qu'à Heidelberg et que Heidegger ait bel et bien prononcée la conférence « Die heutige Problemlage der Philosophie » à Karlsruhe (comme le soutient aussi l'éditeur de la conférence « Hegel und das Problem der Metaphysik », p. 58, Anm. f).

6 avril	lettre	Lettre à Elfride (« *Mein liebes Seelchen!* », p. 163-164)
17 avril	lettre	Herbert Marcuse (carte postale conservée au Herbert Marcuse-Archiv der Stadt- und Universitätsbibliothek in Frankfurt am Main)
18 avril	lettre	Lettre n° 6 à Julius Stenzel
SS 1930	cours	Vom Wesen der menschlichen Freiheit. Einleitung in die Philosophie [*GA* 31]
	séminaire	Übungen für Anfänger : Ausgewählte Abschnitte aus Kants *Kritik der Urteilskraft* [*GA* 84, inédit]
10 mai	lettre	Dr. Grimme (*GA* 16, 61-62)
	lettre	Lettre n° 24 à Elisabeth Blochmann
17 mai	lettre	Dr. Grimme (*GA* 16, 63-65)
	lettre	Lettre n° 101 à Karl Jaspers
26 mai	lettre	Lettre n° 42 à Rudolf Bultmann
30 mai	publication	« Studenten ehren Professor Heidegger » (tout d'abord paru dans la *Freiburger Zeitung*) [*GA* 16]
juin	publication	« Vorrede zur japanischen Übersetzung von *Was ist Metaphysik ?* » [*GA* 16]
14 juillet	conférence	Vom Wesen der Wahrheit (Karlsruhe)
15 juillet	lettre	Lettre n° 105 à Karl Jaspers
17 août	lettre	Lettre n° 7 à Julius Stenzel
2 septembre	lettre	Lettre n° 45 à Rudolf Bultmann
20 septembre	lettre	Lettre n° 25 à Elisabeth Blochmann
26 septembre	lettre	Herbert Marcuse (carte postale conservée au Herbert Marcuse-Archiv der Stadt- und Universitätsbibliothek in Frankfurt am Main)
2 octobre	lettre	Lettre à Elfride (« *Mein liebes Seelchen!* », p. 165-166)
8 octobre	conférence	Vom Wesen der Wahrheit (Bremen)
	lettre	Lettre à Elfride (« *Mein liebes Seelchen!* », p. 166)
19 octobre	lettre	Lettre à Elfride (« *Mein liebes Seelchen!* », p. 166-168)
26 octobre	conférence	Augustinus : Quid est tempus? *Confessiones* lib. XI (de tempore) (Beuron) [*GA* 80, inédit]

WS 1930/31	cours	Hegels *Phänomenologie des Geistes* [*GA* 32]
	séminaire	Übungen für Fortgeschrittene : Platons *Parmenides* (mit Wolfgang Schadewalt) [*GA* 83]
	séminaire	Übungen für Anfänger : Augustinus, *Confessiones* lib. XI (de tempore)
4 novembre	lettre	Lettre n° 8 à Julius Stenzel
26 novembre	lettre	Lettre n° 49 à Rudolf Bultmann
5 décembre	conférence	Philosophieren und Glauben. Das Wesen der Wahrheit (Marburg)
10 décembre	lettre	Lettre n° 50 à Rudolf Bultmann
11 décembre	conférence	Vom Wesen der Wahrheit (Freiburg)
14 décembre	lettre	Herbert Marcuse (carte postale conservée au Herbert Marcuse-Archiv der Stadt- und Universitätsbibliothek in Frankfurt am Main).
27 décembre	lettre	Lettre n° 9 à Julius Stenzel

II. Textes de Martin Heidegger cités dans cette étude

a) Textes contenus dans l'*Édition complète* (*Gesamtausgabe*, Francfort-sur-le-Main, Klostermann, depuis 1975)

GA 2   *Sein und Zeit* (1927), éd. Friedrich-Wilhelm von Herrmann, 1977 (Halle an der Saale, Niemeyer, 1927 ; Tübingen, Niemeyer, 2001[18]) ; trad. fr. par Emmanuel Martineau, *Être et temps*, Paris, Authentica, 1985.

GA 3   *Kant und das Problem der Metaphysik* (1929), éd. Friedrich-Wilhelm von Herrmann, 1991 (Bonn, Cohen, 1929 ; Francfort-sur-le-Main, Klostermann, 1998[6]) ; trad. fr. par Walter Biemel et Alphonse de Waehlens, *Kant et le problème de la métaphysique*, Paris, Gallimard, 1981 ; trad. fr. par Pierre Aubenque, *Débat sur le Kantisme et la Philosophie (Davos, mars 1929) et autres textes de 1929-1931*, Paris, Beauchesne, 1972.

GA 5   *Holzwege* (1935-1946), éd. Friedrich-Wilhelm von Herrmann, 1977 (Francfort-sur-le-Main, Klostermann,

1960, 2003[8]); trad. fr. par Wolfgang Brokmeier, *Chemins qui ne mènent nulle part*, Paris, Gallimard, 1986.

GA 6.2 *Nietzsche II* (1939-1946), éd. Brigitte Schillbach, 1997 (Pfullingen, Günther Neske, 1961, 2008[7]); trad. fr. par Pierre Klossowski, *Nietzsche II*, Paris, Gallimard, 1971.

GA 7 *Vorträge und Aufsätze* (1936-1953), éd. Friedrich-Wilhelm von Herrmann, 2000 (Günther Neske, Pfullingen, 1954, 2009[11]); trad. fr. par André Préau, *Essais et conférences*, Paris, Gallimard, 1958.

GA 9 *Wegmarken* (1919-1961), éd. Friedrich-Wilhelm von Herrmann, 1976 (Francfort-sur-le-Main, Klostermann, 1967, 1996[3]).

GA 14 *Zur Sache des Denkens* (1962-1964), éd. Friedrich-Wilhelm von Herrmann, 2007 (Tübingen, Niemeyer, 1969, 2000[4]).

GA 16 *Reden und andere Zeugnisse eines Lebensweges* (1910-1976), éd. Hermann Heidegger, 2000.

GA 19 *Platon : Sophistes* (Wintersemester 1924/25), éd. Ingeborg Schüßler, 1992; trad. fr. par Jean-François Courtine, Pascal David, Dominique Pradelle et Philippe Quesne, *Platon : Le Sophiste*, Paris, Gallimard, 2001.

GA 21 *Logik. Die Frage nach der Wahrheit* (Wintersemester 1925/26), éd. Walter Biemel, 1976.

GA 22 *Die Grundbegriffe der antiken Philosophie* (Sommer-semester 1926), éd. Franz-Karl Blust, 1993; trad. fr. par Alain Boutot, *Concepts fondamentaux de la philosophie antique*, Paris, Gallimard, 2003.

GA 23 *Geschichte der Philosophie von Thomas von Aquin bis Kant* (Wintersemester 1926/27), éd. Helmuth Vetter, 2006.

GA 24 *Die Grundprobleme der Phänomenologie* (Sommer-semester 1927), éd. Friedrich-Wilhelm von Herrmann, 1975; trad. fr. par Jean-François Courtine, *Les problèmes fondamentaux de la phénoménologie*, Paris, Gallimard, 1985.

GA 25   *Phänomenologische Interpretation von Kants Kritik der reinen Vernunft* (Wintersemester 1927/28), éd. Ingtraud Görland, 1977; trad. fr. par Emmanuel Martineau, *Interprétation phénoménologique de la « Critique de la raison pure » de Kant*, Paris, Gallimard, 1982.

GA 26   *Metaphysische Anfangsgründe der Logik im Ausgang von Leibniz* (Sommersemester 1928), éd. Klaus Held, 1978.

GA 27   *Einleitung in die Philosophie* (Wintersemester 1928/29), éd. Otto Saame et Ina Saame-Speidel, 1996.

GA 28   *Der deutsche Idealismus (Fichte, Schelling, Hegel) und die philosophische Problemlage der Gegenwart* (Sommersemester 1929), éd. Claudius Strube, 1997.

GA 29/30   *Die Grundbegriffe der Metaphysik. Welt – Endlichkeit – Einsamkeit* (Wintersemester 1929/30), éd. Friedrich-Wilhelm von Herrmann, 1983; trad. fr. par Daniel Panis, *Les concepts fondamentaux de la métaphysique. Monde-finitude-solitude*, Paris, Gallimard, 1992.

GA 31   *Vom Wesen der menschlichen Freiheit. Einleitung in die Philosophie* (Sommersemester 1930), éd. Hartmut Tietjen, 1982; trad. fr. par Emmanuel Martineau, *De l'essence de la liberté humaine. Introduction à la philosophie*, Paris, Gallimard, 1987.

GA 32   *Hegels Phänomenologie des Geistes* (Wintersemester 1930/31), éd. Ingtraud Görland, 1980; trad. fr. par Emmanuel Martineau, *La « Phénoménologie de l'esprit » de Hegel*, Paris, Gallimard, 1984.

GA 33   *Atistoteles, Metaphysik θ, 1-3. Von Wesen und Wirklichkeit der Kraft* (Sommersemester 1931), éd. Heinrich Hüni, 1981; trad. fr. par Bernard Stevens et Pol Vandevelde, *Aristote, Métaphysique θ1-3. De l'essence et de la réalité de la force*, Paris, Gallimard, 1991.

GA 36/37   *Sein und Wahrheit, 1. Die Grundfrage der Philosophie* (Sommersemester 1933), *2. Vom Wesen der Wahrheit* (Wintersemester 1933/34), éd. Hartmut Tietjen, 2001.

GA 59   *Phänomenologie der Anschauung und des Ausdrucks. Theorie der philosophischen Begriffsbildung* (Sommersemester 1920), éd. Claudius Strube, 1993.

GA 60   *Phänomenologie des religiösen Lebens*, 1. *Einleitung in die Phänomenologie der Religion* (Wintersemester 1920/21), 2. *Augustinus und der Neuplatonismus* (Sommersemester 1921), 3. *Die philosophischen Grundlagen der mittelalterlichen Mystik* (Ausarbeitung und Einleitung zu einer nicht gehaltenen Vorlesung 1918/19), éds. Mathias Jung, Thomas Regehly et Claudius Strube, 1995.

GA 64   *Der Begriff der Zeit* (1924), éd. Friedrich-Wilhelm von Herrmann, 2004.

GA 66   *Besinnung* (1938/39), éd. Friedrich-Wilhelm von Herrmann, 1997.

GA 71   *Das Ereignis*, éd. Friedrich-Wilhelm von Herrmann, 2009.

GA 80   *Vorträge*, éd. Hartmut Tjetien, inédit.

En tout, sept des vingt-deux conférences annoncées sont déjà parues.

C'est le cas de la conférence « Frage und Urteil » (1915) qui a été publiée en annexe de la correspondance entre Heidegger et Heinrich Rickert, *Briefe 1912-1933 und andere Dokumente*, Francfort-sur-le-Main, Klostermann, 2002 ; trad. fr. Arnaud Dewalque, *Lettres 1912-1933 et autres documents*, Bruxelles, Ousia, 2007.

« Wahrsein und Dasein. Aristoteles, *Ethica Nicomachea* Z » (1924) est parue tout d'abord dans une traduction anglaise, dans Theodore Kisiel et Thomas Sheehan, *Becoming Heidegger. On the Trail of His Occasional Writings, 1910-1927*, Evanston, Northwestern UP, 2007 ; puis dans une traduction française, *Philosophie*, 2008/97. Le texte des conférences de Cassel, « Wilhelm Diltheys Forschungsarbeit und der gegenwärtige Kampf um eine historische Weltanschauung » (1925), est paru il y a plus de quinze ans dans le *Dilthey-Jahrbuch* (1992/8) et, plus récemment, dans une édition bilingue allemand-français : trad. fr. Jean-Claude Gens, *Les conférences de Cassel (1925)*, précédées de la *Correspondance Dilthey-Husserl (1911)*, Paris, Vrin, 2003.

La conférence « Hegel und das Problem der Metaphysik » (1930) est parue dans une édition bilingue allemand-français dans un recueil en hommage à François Fédier : Hadrien France-Lanord et Fabrice Midal (éds.), *La fête de la pensée. Hommage à François Fédier*, Paris, Lettrage Distribution, 2001.

La conférence « Europa und die deutsche Philosophie » (1936) est parue dans Hans-Helmut Gander (éd.), *Europa und die Philosophie*, Francfort-sur-le-Main, Klostermann, 1993.

La conférence « Überlieferte Sprache und technische Sprache » (1962) est parue en monographie, Sankt-Gallen, Erker Verlag, 1989 ; trad. fr. Michel Haar, *Langue de tradition et langue technique*, Bruxelles, Lebber Hossmann, 1990.

La conférence « Die Herkunft der Kunst und die Bestimmung des Denkens » (1967) est parue dans *Denkerfahrungen*, Francfort-sur-le-Main, Klostermann, 1983 ; trad. fr. par Jean-Louis Chrétien et Michele Reifenrath, dans Michel Haar (éd.), *Martin Heidegger*, Paris, Cahiers de l'Herne, 1983.

b) Textes n'appartenant pas à l'*Édition complète*

Philosophische Anthropologie und Metaphysik des Daseins, *GA* 80 (inédit). Pour les fins de cette étude, nous nous sommes servis d'un dactylogramme non signé de 27 pages.

« Heideggers Marginalien zu Mischs Auseinandersetzung mit der phänomenologischen Ontologie », Claudius Strube (éd.), *Dilthey-Jahrbuch*, 1999-2000/12.

Hegel und das Problem der Metaphysik, *GA* 80 (inédit), dans Hadrien France-Lanord et Fabrice Midal (éds.), *La fête de la pensée. Hommage à François Fédier*, trad. fr. François Vezin, Paris, Lettrage Distribution, 2001, p. 16-62.

Des heiligen Augustinus Betrachtung über die Zeit. Confessiones lib. XI, *GA* 80 (inédit). Pour les fins de cette étude, nous nous sommes servis du dactylogramme de 18 pages conservé à la bibliothèque du cloître de Beuron. Le texte est annoté de la main de Heidegger et a été retravaillé à plusieurs endroits. Le titre que nous donnons est celui qui apparaît sur le dactylogramme et qui diffère de celui qu'annonce Klostermann pour le tome 80 de la *GA* (*Augustinus : quid est tempus? Confessiones lib. XI*). Nous remercions la bibliothèque du monastère de Beuron de nous avoir donné accès à ce texte et de nous avoir donné la permission d'en reproduire la première page.

Philosophieren und Glauben. Das Wesen der Wahrheit, *GA* 80 (inédit). Pour les fins de cette étude, nous nous sommes servis d'une retranscription de 10 pages faite en janvier 1984 par Hermann Mörchen, à partir d'un dactylogramme anonyme de 15 pages que celui-ci a obtenu immédiatement après la conférence à laquelle il n'avait pu assister. Cette version de la conférence est pratiquement inconnue. Le premier paragraphe de la conférence semble avoir été composé expressément pour la version lue dans le séminaire de théologie de Bultmann et est cité par les éditeurs de la correspondance entre Heidegger et Rudolf Bultmann (Rudolf Bultmann/Martin Heidegger, *Briefwechsel 1925 bis 1975*, Andreas Großmann et Christof Landmesser (éds.), Francfort-sur-le-Main, Klostermann, 2009, p. 142, note 3) ainsi que par Hermann Mörchen dans *Adorno und Heidegger. Untersuchung einer philosophischen Kommunikationsverweigerung* (Stuttgart, Klett-Cotta, 1981, p. 229, note 60). Selon ce qui est indiqué dans les manuscrits récemment publiés dans le cadre de la *Gesamtausgabe*, la version de 1930 devrait finalement être incluse dans le tome 80 (bien que le prospectus de Klostermann n'en fasse pas mention). Voir *GA* 66, 103, 107, 259 et 419, et *Das Ereignis*, *GA* 71, 9 et 34.

Über das Prinzip « Zu den Sachen selbst » (1957), *Heidegger Studies*, 1995/11.

c) Correspondances

Martin HEIDEGGER/Hannah ARENDT, *Briefe 1925 bis 1975 und andere Zeugnisse*, Francfort-sur-le-Main, Klostermann, 1998; trad. fr. *Lettres et autres documents. 1925-1975*, Paris, Gallimard, 2001.

Martin HEIDEGGER/Elisabeth BLOCHMANN, *Briefwechsel. 1918-1969*, Marbach, Deutsche Schillergesellschaft, 1989; trad. fr. *Correspondance avec Elisabeth Blochmann. 1918-1969*, Paris, Gallimard, 1996.

Martin HEIDEGGER/Rudolf BULTMANN, *Briefwechsel. 1925-1975*, Francfort-sur-le-Main, Klostermann, 2009.

Martin HEIDEGGER/Elfride HEIDEGGER, *« Mein liebes Seelchen! » Briefe von Martin Heidegger an seine Frau Elfride. 1915-1970*, München, Deutsche Verlags-Anstalt, 2005; trad. fr. *« Ma chère petite âme! » Lettres de Martin Heidegger à sa femme Elfride. 1915-1970*, Paris, Seuil, 2007.

Martin HEIDEGGER/Edmund HUSSERL, *Briefwechsel 1916-1933*, dans Edmund Husserl, *Briefwechsel IV : Die Freiburger Schüler*, *Husserliana (Dokumente)* III, Dordrecht, Kluwer Academic Publishers, 1994, p. 127-161.

Martin HEIDEGGER/Karl JASPERS, *Briefwechsel. 1920-1963*, Francfort-sur-le-Main, Klostermann, 1990; trad. fr. *Correspondance avec Karl Jaspers. 1920-1963*, Paris, Gallimard, 1996.

Martin HEIDEGGER/Heinrich RICKERT, *Briefe 1912-1933*, Francfort-sur-le-Main, Klostermann, 2002; trad. fr. *Lettres 1912-1933 et autres documents*, Bruxelles, Ousia, 2007.

Martin HEIDEGGER/Julius STENZEL, « Briefe Martin Heideggers an Julius Stenzel (1928-1932) », *Heidegger Studies*, 2000/16, p. 11-33.

III. Ouvrages, articles et recensions consacrés à l'œuvre de Martin Heidegger parus entre 1928 et 1930 [1]

1928

ANONYME, [Compte rendu de] « *Sein und Zeit* / Martin Heidegger. Halle, 1927 », *Annalen der Philosophie*, 7, p. 162.

BARTH Heinrich, « Kant und die moderne Metaphysik (Vortrag vor der Ortsgruppe Stuttgart der Kantgesellschaft) », *Zwischen den Zeiten*, 6, p. 406-428.

BECK Maximilian, « Die neue Problemlage der Erkenntnistheorie », *Deutsche Vierteljahrsschrift für Literaturwissenschaft und Geistesgeschichte*, 6, p. 611-639.

– « Referat und Kritik von Martin Heidegger : "Sein und Zeit" (Halle 1927) », *Philosophische Hefte*, 1, p. 5-44.

BULTMANN Rudolf, « Heidegger, Martin », *Die Religion in Geschichte und Gegenwart*, Bd 2, p. 1687-1688.

GRASSELLI G., « La fenomenologia di Husserl e l'ontologia di M. Heidegger », *Rivista di filosofia neoscolastica*, 19, p. 330-347.

KNITTERMEYER H., [Rezension von] « *Sein und Zeit* / Martin Heidegger. Halle, 1927 », *Theologische Literaturzeitung*, 53, p. 481-493.

LANDSBERGER Fritz, « Mensch, Leben, Existenz : Eine Buchchronik », *Die Neue Rundschau*, 39/2, p. 310-319.

LÖWITH Karl, *Das Individuum in der Rolle des Mitmenschen*, Munich, Drei Masken-Verlag.

---

1. Pour établir cette liste, nous avons utilisé l'étude de Critian Ciocan, « Notes sur l'évolution du problème de la mort dans la pensée de Heidegger après *Sein und Zeit* (1931-1935) » (*Synthesis philosophica*, 2009/2, p. 299-301), la bibliographie établie à l'*Universitätsbibliothek* de Fribourg-en-Brisgau par Michael Becht et Albert Raffel (*Sekundärlitteratur (Zeitschriftenaufsätze, Buchbeiträge, Online-Ressourcen) 1917-1949*, 2009) et l'ouvrage de Hans-Martin Sass (*Martin Heidegger : Bibliography and Glossary*, Bowling Green, Philosophy Documentation Center, 1982).

MARCUSE Herbert, « Beiträge zu einer Phänomenologie des Historischen Materialismus », *Philosophische Hefte*, 1, p. 45-68.

PRZYWARA Erich, « Drei Richtungen der Phänomenologie », *Stimmen der Zeit*, 115, p. 252-264.

WUST Peter, « Eine neue philosophische Zeitschrift », *Kölnische Volkszeitung und Handelsblatt. Allgemeiner Anzeiger für Rheinland-Westfalen*, 16 août.

1929

ANONYME, [Compte rendu de] « *Kant und das Problem der Metaphysik* / Martin Heidegger. Bonn, 1929 », *Annalen der Philosophie und philosophischen Kritik*, 8, p. 101.

– [Compte rendu de] « *Vom Wesen des Grundes* / Martin Heidegger. Halle, 1929 », *Annalen der Philosophie und philosophischen Kritik*, 8, p. 110.

BARTH Hans, « Zur Philosophie unserer Zeit », *Neue Schweizer Rundschau*, 22, p. 912-917.

BARTH Heinrich, « Die Philosophie und das Christentum », *Zwischen den Zeiten*, 7, p. 142-156.

– « Ontologie und Idealismus. Eine Auseinandersetzung mit M. Heidegger », *Zwischen den Zeiten*, 7, p. 511-540.

– [Compte rendu de] « *Sein und Zeit* / Martin Heidegger. Halle, 1927 », *Neue Schweizer Rundschau*, 22, p. 912.

BRINKMANN C., [Compte rendu de] « *Sein and Zeit* / Martin Heidegger. Halle, 1927 », *Kant-Studien*, 34, p. 209.

CAVAILLÈS Jean, « Les deuxièmes Cours Universitaires de Davos », *Die II. Davoser Hochschulkurse – Les II es Cours Universitaires de Davos*, p. 65-81.

ENLERT Ludwig, « Als Studen bei den zweiten Davoser Hochschulkursen », *Die II. Davoser Hochschulkurse – Les II es Cours Universitaires de Davos*, p. 564.

FLÜGEL G., [Compte rendu de] « *Sein und Zeit* / Martin Heidegger. Halle, 1927 », *Philosophisches Jahrbuch*, 42, p. 104-109.

GRASSI Ernesto, « Sviluppo e significato della scuola fenomenologica nella filosofia tedesca contemporanea », *Rivista di filosofia*, 20, p. 129-151.

HEINEMANN Fritz, *Neue Wege der Philosohie : Geist-Leben-Existenz. Eine Einführung in die Philosophie der Gegenwart*, Leipzig, Quelle und Meyer.

HERRIGEL Hermann, « Denken dieser Zeit : Fakultäten und Nationen treffen sich in Davos », *Frankfurter Zeitung* (Abendblatt), 22 avril.

HOFMANN Paul, [Compte rendu de] « *Sein und Zeit* / Martin Heidegger. Halle, 1927 », *Deutsche Literaturzeitung für Kritik der internationalen Wissenschaft*, 50, N.F. 6, p. 155-172.

– « Metaphysik oder verstehende Sinn-Wissenschaft ? Gedanken zur Neugründung der Philosophie im Hinblick auf Heideggers *Sein und Zeit* », *Kant-Studien*, Ergänzungsheft 64, p. 1-63.

KOEPP Wilhelm, « Merimna und Agape : Zur Analytik des Daseins in Heideggers "Sein und Zeit" », *Reinhold-Seeberg-Festschrift*, Bd 1, Leipzig, Deichert, p. 99-139.

KODAMA Tatsudo, « Haideggâ ni okeru niko no "Sonzaimondai" no Kankei ni tsuite » [« On the Relation of the Two "Problems of Being" in Heidegger »], *Tetsugakuzasshi*, P ; 505.

KRÜGER Gerhard, « *Sein und Zeit*, zu Martin Heideggers gleichnamigem Buch », *Theologische Blätter*, 8. Jg., p. 57-64.

KUHLMANN Gerhardt, « Zum theologischen Problem der Existenz : Fragen an R. Bultmann », *Zeitschrift für Theologie und Kirche*, 10, p. 28-57.

LIEBERT Arthur, [Compte rendu de] « *Kant und das Problem der Metaphysik* / Martin Heidegger. Bonn, 1929 », *Berliner Tageblatt*, 12 novembre.

MARCK Siegfried, *Die Dialektik in der Philosophie der Gegenwart*, I. Halbband, Tübingen, Mohr.

MARCUSE Herbert, « Über konkrete Philosophie », *Archiv für Sozialwissenschaft und Sozialpolitik*, 62, p. 111-128.

MISCH Georg, « Lebensphilosophie und Phänomenologie. Eine Auseinandersetzung mit Heidegger », *Philosophischer Anzeiger*.

Zeitschrift für die Zusammenarbeit von Philosophie und Einzelwissenschaft, 1928/29 (III. Jahrgang), p. 267-369 et 405-475.

RYLE Gilbert, [Compte rendu de] «*Sein und Zeit / Martin Heidegger*», *Mind*, 38, p. 355-370.

STERNBERGER Dolf, [Compte rendu de] «*Kant und das Problem der Metaphysik / Martin Heidegger*. 1929», *Frankfurter Zeitung*, 29 septembre.

1930

ANONYME, «Martin Heidegger. Die Nachfolge von Troeltsch», *Berliner Tageblatt*, 28 mars.

– [Compte rendu de] «*Kant und das Problem der Metaphysik / Martin Heidegger*. Bonn, 1929», *Das Neue Reich*, 12, p. 546.

– [Compte rendu de] «*Was ist Metaphysik? / Martin Heidegger*. Bonn, 1929», *Das Neue Reich*, 12, p. 502.

– «Martin Heidegger: Ein sozialistischer Minister beruft einen Kultur-Reaktionar nach Berlin», *Monistische Monatshefte*, 15, p. 109-111.

– «Heidegger-Philosophie», *Monistische Monatshefte*, 15, p. 153-154.

ARENDT Hannah, «Philosophie und Soziologie: Anläßlich Karl Mannheim, Ideologie und Utopie», *Die Gesellschaft*, 7, p. 163-176.

BARTH Heinrich, «Heidegger und Kant: Zu Martin Heideggers Buch über "Kant und das Problem der Metaphysik"», *Theologische Blätter*, 9, p. 139-147.

BECK Maximilian, «Hermeneutik und philosophia perennis», *Philosophische Hefte*, 2, p. 13-46.

– «Der phänomenologische Idealismus, die phänomenologische Methode und die Hermeneutik», *Philosophische Hefte*, 2, p. 97-101.

BRECHT Franz Josef, «Die Situation der gegenwärtigen Philosophie», *Neue Jahrbücher für Wissenschaft und Jugendbildung*, 6, p. 42-58.

– [Compte rendu de] «*Kant und das Problem der Metaphysik / Martin Heidegger*. Bonn, 1929», *Literarischer Handweiser für das katholische Deutschland*, 66, p. 30.

BULTMANN Rudolf, « Die Geschichtlichkeit des Daseins und der Glaube : Antwort an Gerhardt Kuhlmann », *Zeitschrift für Theologie und Kirche*, N.F. 11, p. 339-364.

DRIESCH Hans, « Die Stellung der Phänomenologie zur Metaphysik », dans *Philosophische Forschungswege. Ratschläge und Warnungen*, Leipzig, Reinicke, p. 99-111.

DYROFF Adolf, « Glossen zu Heideggers "Sein und Zeit" », dans *Philosophia perennis : Abhandlungen zu ihrer Vergangenheit und Gegenwart*, Festgabe Josef Geyser zum 60. Geburtstag, éd. Fritz-Joachim von Rintelen, Bd 2, Regensburg, Habbel, p. 772-796.

ECHTERNACH Helmut,   « Die   Auferstehungshoffnung   als Voraussetzung der Todeswirklichkeit. Zur Auseinandersetzung über das Todesproblem mit Heidegger, Nietzsche und anderen », *Christentum und Wissenschaft*, 6, p. 241-249.

GENT Werner, *Die Raum-Zeit-Philosophie des neunzehnten Jahrhunderts. Historische, kritische und analytische Untersuchungen. Die Geschichte der Begriffe des Raumes und der Zeit vom kritischen Kant bis zur Gegenwart*, Bonn, Cohen.

GRASSELLI G., [Compte rendu de] « *Kant und das Problem der Metaphysik* / Martin Heidegger. Bonn, 1929 », *Rivista di filosofia*, 21, p. 275-280.

GRASSI Ernesto, « Il problema della metafisica immanente di Heidegger », *Giornale critico della filosofia italiana*, 11, p. 288-314.

GRISEBACH Eduard, « Interpretation oder Destruktion ? Zum kritischen Verständnis von Martin Heideggers "Kant und das Problem der Metaphysik" », *Deutsche Vierteljahresschrift für Literaturwissenschaft und Geistesgeschichte*, 8, p. 199-232.

GURVITCH Georges, *Les tendances actuelles de la philosophie allemande. E. Husserl, M. Scheler, E. Lask, M. Heidegger*, Paris, Vrin.

HEIM Karl, « Ontologie und Theologie », *Zeitschrift für Theologie und Kirche*, N.F. 11, p. 325-338.

HERRIGEL Hermann, « Der Philosoph Heidegger ist nach Berlin berufen », *Frankfurter Zeitung*, 29 mai.

HERZ K., [Compte rendu de] « *Sein und Zeit* / Martin Heidegger. 2. Aufl. Halle, 1929 », *Monatsschrift für höhere Schulen*, 29, p. 520.

HOFMANN Paul, [Compte rendu de] « *Was ist Metaphysik?* / Martin Heidegger. Bonn, 1929 », *Deutsche Literaturzeitung*, 51, p. 1063-1068.

HUSSERL Edmund, « Zu einer reinen Phänomenologie und phänomenologischen Philosophie. Nachwort zu meinen Ideen », *Jahrbuch für Philosophie und phänomenologische Forschung*, 11, p. 549-570.

JELKE R., [Compte rendu de] « *Sein und Zeit* / Martin Heidegger. Halle, 1927 », *Theologisches Literaturblatt*, 51, p. 314.

KNITTERMEYER Gusta, « Philosophie als Ontologie. Zu Martin Heideggers "Sein und Zeit" » *Christliche Welt*, 44, p. 669-675 et 720-725.

KORTMULDER R.J., [Compte rendu de] « *Kant und das Problem der Metaphysik* / Martin Heidegger. Bonn, 1927 », *Algemeen Nederlands Tijdschrift voor Wijsbegeerte en Psychologie*, p. 149-157.

LEHMANN Gerhard, [Compte rendu de] « *Kant und das Problem der Metaphysik* / Martin Heidegger. Bonn, 1929 », *Japanisch-deutsche Zeitschrift*, 2, p. 123-124.

LEISEGANG Hans, [Compte rendu de] « *Vom Wesen des Grundes* / Martin Heidegger. Halle, 1929 », *Blätter für deutsche Philosophie*, p. 433-445.

LÖWITH Karl, « Grundzüge der Entwicklung der Phänomenologie zur Philosophie und ihr Verhältnis zur protestantischen Theologie », *Theologische Rundschau*, 2, p. 26-64 et 333-361.

– « Phänomenologische Ontologie und protestantische Theologie », *Zeitschrift für Theologie und Kirche*, 11, p. 339-364.

MARCUSE Herbert, « Zum Problem der Dialektik », *Die Gesellschaft*, 7, p. 15-30.

MEYER G., [Compte rendu de] « *Kant und das Problem der Metaphysik* / Martin Heidegger. Bonn, 1929 », et « *Was ist Metaphysik?* / Martin Heidegger. Bonn 1929 », *Hamburger Fremdenblatt*, 177, p. 34.

MISCH Georg, « Lebensphilosophie und Phänomenologie. Eine Auseinandersetzung mit Heidegger », *Philosophischer Anzeiger. Zeitschrift für die Zusammenarbeit von Philosophie und Einzelwissenschaft*, 1929/30 (IV. Jahrgang), p. 181-330.

MÖRCHEN Hermann, « Die Einbildungskraft bei Kant », *Jahrbuch für Philosophie und phänomenologische Forschung*, 11.

MÜLLER Ernst, « Existentielle Sachlichkeit. Kritische Bemerkungen zu Heideggers Philosophie », *Stuttgarter Neues Tageblatt*, 21 août.

PRZYWARA Erich, « Wende zum Menschen » [Compte rendu de « *Kant und das Problem der Metaphysik* / Martin Heidegger. Bonn, 1929 »], *Stimmen der Zeit*, 119, p. 1-10.

RICKERT Heinrich, *Die Logik des Prädikats und das Problem der Ontologie*, Heidelberg, Winter.

ROSENZWEIG Franz, « Vertauschte Fronten. Zur Hochschultagung in Davos 1929, Begegnung Cassirer-Heidegger », *Morgen*, 6, p. 85-88.

SCHILLING K., [Compte rendu de] « *Kant und das Problem der Metaphysik* / Martin Heidegger. 1929 », *Göttingische Gelehrte Anzeigen*, 193, p. 337-352.

SCHMIDT H.W., « Die ersten und die letzten Dinge », *Apologetisches Jahrbuch*, 5.

SCHOTT Erdmann, *Die Endlichkeit des Daseins nach Martin Heidegger*, Berlin, De Gruyter.

DE VRIES Josef, [Compte rendu de] « *Kant und das Problem der Metaphysik* / Martin Heidegger. 1929 », *Scholastik*, 5, p. 422-425.

IV. Littérature secondaire portant sur l'œuvre de Martin Heidegger et les thèmes abordés dans cette étude

BARASH Jeffrey Andrew, « Cassirer et Heidegger : mythe politique et histoire », dans *Politiques de l'histoire. L'historicisme comme promesse et comme mythe*, Paris, PUF, 2004.

BERL Heinrich, *Gespräche mit berühmten Zeitgenossen*, Baden-Baden, Bühler, 1946.

BERNASCONI Robert, « Repetition and Tradition : Heidegger's Destructuring of the Distinction Between Essence and Existence in the *Basic Problems of Phenomenology* », dans Theodore Kisiel and John van Buren (éds.), *Reading Heidegger From the Start. Essays in His Earliest Thought*, New York, SUNY, 1994.

VON BUGGENHAGEN Arnold, *Philosophische Autobiographie*, Meisenheim am Glan, Hain, 1975.

CAPUTO John D., « Hermeneutics as the Recovery of Man », *Man and World*, 1982/15.

CHAUBET François, *Paul Desjardins et les décades de Pontigny*, Villeneuve d'Ascq, Presses Universitaires du Septentrion, 2000.

COSKUN Deniz, *Law as Symbolic Form. Ernst Cassirer and the Anthropocentric View of Law*, Dordrecht, Springer, 2007.

FARÍAS Víctor, *Heidegger et le nazisme*, Lagrasse, Verdier, 1987.

FRINGS Manfred S., *Person und Dasein*, La Haye, Martinus Nijhoff, 1965.

GRÜNDER Karlfried, « Cassirer und Heidegger in Davos 1929 », dans Hans-Jürg Braun *et alii* (éds.), *Über Ernst Cassirers Philosophie der symbolischen Formen*, Francfort-sur-le-Main, Suhrkamp, 1988.

VON HERRMANN Friedrich-Wilhelm, « Augustinus und die phänomenologische Frage nach der Zeit », *Philosophisches Jahrbuch*, 1993/1.

JARAN François, *La métaphysique du Dasein. Heidegger et la possibilité de la métaphysique (1927-1930)*, oréface de Jean Grondin, Bucharest, Zeta Books, 2010.

– « De la différence entre l'histoire comme événement et l'histoire comme science chez Heidegger », *Klêsis. Revue philosophique*, 2010/15.

– « Toward a Metaphysical Freedom. Heidegger's Project of a Metaphysics of Dasein », *International Journal of Philosophical Studies*, 2010/2.

– « Heidegger's Kantian Reading of Aristotle's *theologike eptisteme* », *The Review of Metaphysics*, 2009-2010/3.

– « Una metafísica como remedio a la "desolación total de la situación filosofíca" de los años 1920 (Martin Heidegger, Max Scheler) », *Pensamiento. Revista de investigación e información filosófica*, 2008/241.

KAEGI Dominic, « Die Legende von Davos », dans Heinrich Böll Stiftung (éd.), *Hannah Arendt: Vorbergene Tradition – Unzeitgemäße Aktualität ?*, *Deutsche Zeitschrift für Philosophie*, 16. Sonderband, Berlin Akademie Verlag, 2007.

KISIEL Theodore, *The Genesis of Heidegger's Being and Time*, Berkeley-Los Angeles, University of California Press, 1993.

— et SHEEHAN Thomas, *Becoming Heidegger. On the Trail of His Occasional Writings, 1910-1927*, Evanston, Northwestern UP, 2007.

MARION Jean-Luc, *Questions cartésiennes. Méthode et métaphysique*, Paris, PUF, 1991.

MÖRCHEN Hermann, *Adorno und Heidegger. Untersuchung einer philosophischen Kommunikationsverweigerung*, Stuttgart, Klett-Cotta, 1981.

PETZET Heinrich Wiegand, *Auf einen Stern zugehen. Begegnung und Gespräche mit Martin Heidegger. 1929-1976*, Francfort-sur-le-Main, Societäts-Verlag, 1983.

PÖGGELER Otto, « Ausgleich und anderer Anfang. Scheler und Heidegger », dans Ernst Wolfgang Orth et Gerhard Pfafferott (éds.), *Studien zur Philosophie von Max Scheler*, Internationales Max-Scheler-Colloquium « Der Mensch im Weltalter des Ausgleich » (Universität zu Köln), Freibourg i.B., Alber, 1994.

SCHUMANN Karl, *Husserl-Chronik. Denk- und Lebensweg Edmund Husserls*, La Haye, Martinus Nijhoff, 1977.

WISSER Richard, « Fundamental-Anthropologie (Max Scheler) oder Fundamental-Ontologie (Martin Heidegger)? Umrisse einer entscheidenden Kontroverse an einem Scheideweg », dans *Vom Weg-Charakter philosophischen Denkens. Geschichtliche Kontexte und menschliche Kontakte*, Würzburg, Königshausen & Neumann, 1998.

V. Autres ouvrages cités

CASSIRER Toni, *Mein Leben mit Ernst Cassirer*, Hildesheim, Gerstenberg Verlag, 1981.

KANT Immanuel, *Grundlegung zur Metaphysik der Sitten*, *Akademieausgabe* IV; trad. fr. Alain Renaut, *Métaphysique des mœurs I. Fondation, Introduction*, Paris, GF-Flammarion, 1994.

HEGEL G.W.F., *Enzyklopädie der philosophischen Wissenschaften im Grundrisse*, Heidelberg, Osswald, 1830³.

HUSSERL Edmund, *Briefwechsel*, Bd. II, *Die Münchener Phänomenologen*, Bd. III, *Die Göttinger Schule*, La Haye, Martinus Nijhoff, 1994.

– *Briefe an Roman Ingarden. Mit Erläuterungen und Erinnerungen an Husserl*, La Haye, Martinus Nijhoff, 1968.

MISCH Georg, *Lebensphilosophie und Phänomenologie. Eine Auseinandersetzung der Diltheyschen Richtung mit Heidegger und Husserl*, Bonn, Cohen, 1930.

RUMM August, *Das Gesicht der Zeit. 10 Lithographien*, Karlsruhe, Kairos Verlag, 1932.

SCHELER Max, *Aufsätze und kleine Schriften (1932-1935)*, *Gesammelte Werke*, Bd. 18, Hamburg, Felix Meiner, 2004.

– *Späte Schriften*, *Gesammelte Werke*, Bd. 9, Bern-München, Francke Verlag, 1976.

– *Zur Ethik und Erkenntnislehre*, Berlin, Der neue Geist Verlag, 1933.

– *Abhandlungen und Aufsätze I*, Leipzig, Der Weissen Bücher, 1915.

TABLE DES MATIÈRES

1930

ACHEVÉ D'IMPRIMER
EN FÉVRIER 2012
PAR L'IMPRIMERIE
DE LA MANUTENTION
A MAYENNE
FRANCE
N° 847060Y

Dépôt légal : 1ᵉ trimestre 2012